IDEAS
32

MARTÍNEZ-ECHEVARRÍA, Miguel A. en diálogo con: ANDRÉS-GALLEGO, José; CRESPO GARRIDO, María; FALGUERAS, Ignacio; FERNÁNDEZ FERNÁNDEZ, José L.; FERNÁNDEZ RODRÍGUEZ, Fernando; GÓMEZ PÉREZ, Rafael; GÓMEZ RIVAS, León; GONZÁLEZ ENCISO, Agustín; MARTÍN DE LA HOZ, José C.; MARTÍNEZ LÓPEZ, Miguel Á.; MUÑOZ PÉREZ, Félix; PÉREZ ADÁN, José; POLAINO-LORENTE, Aquilino; PONCE, José Miguel; RUBIO DE URQUÍA, Rafael; SCALZO, Germán: *Sobre la economía entre la sociedad y el Estado*, Ideas y Libros Ediciones, Madrid, 2024, 270 pp. Edición al cuidado de José Andrés-Gallego y Donato Barba. Diseño de portada, Edurne A. Urtasun.

Papel, ISBN 978-84-17892-76-0 EAN: 9788417892760

Digital ISBN 978-84-17892-75-3 EAN: 9788417892753

Depósito Legal: M-12477-2024

Ideasylibros.ed@gmail.com https://ideasylibrosediciones.blogspot.com/

PAPEL: Los canales habituales de distribución en **España** y el **resto del mundo**. Además: **Argentina** * CUSPIDE www.cuspide.com * MANDRAKE www.mandrakelibros.com.ar * OZONUM www.listado.mercadolibre.com.ar / **Brasil** * O ATENEUM www.oateneum.com.br / **Chile** *Bibliostore Chile-Mercado Libre * Voy a Leer www.voyaleer.cl /**Colombia** * LEMOINE EDITORES www.librosyeditores.com * BIBLIOSTORE listado.mercadolibre.com.co / * LIBRERIA DE LA U www.libreriadelau.com / **Ecuador** * POWER STORE BOOKS www.powerstorebooks.com * THE BOOKS LINK www.thebookslink.com / **Méjico** * BIBLIOSTORE México www.mercadolibre.com.mx * Librerías GANDHI www.gandhi.com.mx * Librerías GONWIL www.gonvill.com.mx / **Perú** * ALEPH IBD listado.mercadolibre.com.pe * Librería SBS www.sbs.com.pe / **Uruguay** * MERCADOLIBROS mercadolibros.uy * PALACIO DEL LIBRO S.A. www.libreriapocho.com.uy / **Reino Unido y otros países** * BOOKDEPOSITORY www.bookdepository.com/es/

DIGITAL: Entre otras plataformas. **España** * LA CASA DEL LIBRO * TAGUS BOOKS http://www.tagusbooks.com * TODOS TUS LIBROS/ * CEGAL www.cegal.es * AGAPEA www.agapea.com / **Canarias** LIBRO TÉCNICO http://www.ellibrotecnico.com * UNICORNIO, Librería http://www.unicornioweb.com / **Colombia** * LIBRERÍA NACIONAL www.librerianacional.com / **Méjico** * LA VENTANA https://laventanalibreria.com/ * CASA DEL LIBRO, México, * EDUCAL, http://www.educal.com.mx/ * SOTANO www.elsotano.com / **Nicaragua** * LITERATO www.ebooks-literato.com.ni

IDEAS
32

sobre

LA ECONOMÍA
ENTRE LA SOCIEDAD Y EL ESTADO

*

MIGUEL ALFONSO MARTÍNEZ-ECHEVARRÍA

en diálogo con

JOSÉ ANDRÉS-GALLEGO
MARÍA JIMENA CRESPO
IGNACIO FALGUERAS
JOSÉ LUIS FERNÁNDEZ FERNÁNDEZ
FERNANDO FERNÁNDEZ RODRÍGUEZ
RAFAEL GÓMEZ PÉREZ
LEÓN GÓMEZ RIVAS
AGUSTÍN GONZÁLEZ ENCISO
JOSÉ CARLOS MARTÍN DE LA HOZ
MIGUEL ÁNGEL MARTÍNEZ LÓPEZ
FÉLIX FERNANDO MUÑOZ PÉREZ
JOSÉ PÉREZ ADÁN
AQUILINO POLAINO-LORENTE
JOSÉ MIGUEL PONCE
RAFAEL RUBIO DE URQUÍA
GERMÁN SCALZO

ÍNDICE

INTRODUCCIÓN

¿POR QUÉ LA ECONOMÍA ESTÁ ENTRE LA
SOCIEDAD Y EL ESTADO?

ÍNDICE

II. CRISTIANISMO Y TEORÍA ECONÓMICA

III. A MODO DE CODA

RESPUESTAS A LOS COMENTARIOS 253

PRESENTACIÓN

El largo periodo del covid, desde enero de 2020, Aedos tuvo que seguir relacionándonos a distancia, obligados por la clausura y por las precauciones que todos tuvimos que tomar. No dejamos de trabajar ni de mantener la relación, aunque fuera vía Internet. Pero, en julio de 2023, decidimos recuperar las reuniones físicas -los actos presenciales en definitiva- con el espíritu de siempre.

Y nada mejor, para esta celebración, que la convocatoria de un Seminario Bibliográfico. Fue unánime la decisión de elegir para su examen el volumen *La economía entre la sociedad y el Estado*, publicado en esos meses. Obra de madurez del profesor Miguel Alfonso Martínez-Echevarría, uno de los socios más antiguos y activos de nuestra asociación, cuya labor investigadora y actividad docente viene contribuyendo de manera sustancial, desde hace años, al estudio de la acción humana en la economía y a poner las bases de los presupuestos antropológicos y políticos de la misma.

En este número de *Ideas*, el 32, se recogen las contribuciones de un grupo de comentaristas, socios y amigos de AEDOS referidas al citado volumen. Junto a las mismas, precediéndolas, aparece una clarificadora "Introducción" del propio autor, Miguel Alfonso Martínez-Echevarría, autor asimismo de una completísima "Respuesta a los Comentarios", que cierra, a modo de epílogo, el libro.

Por su temática y contenido, las distintas ponencias de los comentaristas se han agrupado en dos grandes epígrafes, tomando como pauta las respuestas del profesor Martínez-Echevarría:

A) *Antropología, Racionalidad y Teoría Económica* abarca las aportaciones de José Andrés-Gallego, Ignacio Falgueras Sorauren, Rafael Gómez Pérez, Agustín González Enciso, María Jimena Crespo, Félix Fernando Muñoz Pérez, José Pérez Adán, Aquilino Polaino, Rafael Rubio de Urquía y Germán Scalzo.

B) *Cristianismo y Teoría Económica* corresponde a las aportaciones de Miguel Ángel Martínez López, José Carlos Martín de la Hoz y León Gómez Rivas.

La calidad de los textos permite seguir ampliando el sentido de lo que hoy llamamos Economía. Nuestro reconocimiento y gratitud a todos los participantes y al Director de los Seminarios Bibliográficos, Dalmacio Negro Pavón.

Debemos consignar, asimismo, el apoyo a esta edición del Instituto de Humanidades de la Universidad San Pablo CEU.

José Andrés-Gallego
Fernando Fernández Rodríguez

SEMINARIO PERMANENTE BIBLIOGRÁFICO

XXIX SESIÓN

LA ECONOMÍA ENTRE LA SOCIEDAD Y EL ESTADO

MIGUEL ALFONSO MARTÍNEZ-ECHEVARRÍA ORTEGA

Sesión organizada conjuntamente por AEDOS y la
**CÁTEDRA IBERDROLA de ÉTICA
ECONÓMICA y EMPRESARIAL**
(ICADE Universidad Pontificia Comillas)

Sábado, 1 de julio de 2023

PROGRAMA

9:30: INTRODUCCIÓN

Fernando Fernández Rodríguez
Presidente de AEDOS

José Luis Fernández Fernández
Director de la Cátedra Iberdrola de
Ética Económica y Empresarial

10:00: PRESENTACIÓN DEL LIBRO POR EL AUTOR

Miguel Alfonso Martínez-Echevarría Ortega
Catedrático de Economía Aplicada

10:30: COMENTARIOS CRÍTICOS

Germán Scalzo
Profesor en Gobierno y Cultura de
las Organizaciones

*El sentido del trabajo en la obra de Miguel Alfonso Martínez-
Echevarría: una introducción a su legado académico*

Rafael Gómez Pérez
Profesor de Antropología Cultural y Escritor

Dos apreciaciones: antropología cultural y metafísica

Aquilino Polaino Lorente
Catedrático de Psicopatología

Acerca de la posible fundamentación de la Economía en la Psicología

Félix Fernando Muñoz Pérez
Profesor de Teoría Económica

El sentido de la racionalidad

Miguel Ángel Martínez López
Ingeniero de Telecomunicaciones y Escritor

El sentido económico

12:30: PAUSA

13:00: COMENTARIOS CRÍTICOS

Agustín González Enciso
Catedrático de Historia Moderna

La Economía en la Historia

José Andrés-Gallego
Catedrático de Historia Contemporánea

La historia paralela de los dos últimos milenios

José Carlos Martín de la Hoz

Sacerdote. Miembro de la Academia de Historia Eclesiástica

Algunos aspectos de la Moral cristiana en Francisco de Vitoria

León Gómez Rivas

Catedrático de Ética y Pensamiento Económico

Política y Economía: de Santo Tomás a Lutero

14:00: APORTACIONES FINALES

José Miguel Ponce Núñez

Profesor honorífico de la Universidad de Alcalá

Maestro, mentor y amigo

María Jimena Crespo

Profesora titular de Hacienda Pública

La visión humanista de la Economía

Ignacio Falgueras Sorauren

Departamento de Teoría e Historia Económica. Universidad de Málaga

Algunos comentarios del libro "La economía entre la sociedad y el Estado"

Rafael Rubio de Urquía

Catedrático de Teoría Económica

Un comentario global

14:30: APORTACIÓN FINAL

Dalmacio Negro Pavón
Catedrático de Historia de las Ideas y
Formas Políticas

14:45: CONTESTACIÓN A LOS COMENTARIOS

Miguel Alfonso Martínez-Echevarría Ortega

RELACIÓN DE INSCRITOS Y ASISTENTES

- Andrés-Gallego, José
- Barnés Vázquez, Javier
- Cendejas, José Luis
- Cid Vázquez, Teresa
- Crespo Garrido, María
- Darna Galobart, Helena
- Encinar, Maribel
- Falgueras, Ignacio
- Fernández, Inmaculada
- Fernández Fernández, José Luis
- Fernández Rodríguez, Fernando
- Ferrer Santos, Urbano
- García Berlanga, Javier
- García González, Juan
- Gómez Pérez, Rafael
- Gómez Rivas, León
- González Enciso, Agustín
- Llorca Albero, Vicente
- López López, Félix Luis
- Martín de la Hoz, José Carlos
- Martín López-Quesada, Francisco
- Martínez Albesa, Emilio
- Martínez-Echevarría, Álvaro

- Martínez-Echevarría Ortega, Miguel Alfonso

- Martínez López, Miguel Ángel

- Melé, Domènec

- Morillas, Salvador

- Muñoz, Lourdes

- Muñoz Machado, Andrés

- Muñoz Pérez, Félix

- Negro Pavón, Dalmacio

- Pérez Adán, José

- Polaino Lorente, Aquilino

- Pomés, Julio

- Ponce, José Miguel

- Rubio de Urquía, Rafael

- Ruiz Fragua, Alfredo

- Sánchez Barricarte, Jesús

- Scalzo, Germán

- Sugranyes, Domingo

INTRODUCCIÓN

¿POR QUÉ LA ECONOMÍA ESTÁ ENTRE LA SOCIEDAD Y EL ESTADO?

MIGUEL ALFONSO MARTÍNEZ-ECHEVARRÍA ORTEGA [*]

Introducción

Un resultado muy grato, una consecuencia totalmente inesperada de la publicación de mi libro "La economía entre la sociedad y el Estado", es que ha servido de ocasión para que Fernando Fernández decidiera volver a convocar un seminario bibliográfico de AEDOS, que tan gratos recuerdos traen para todos nosotros. Por eso mis primeras palabras son de agradecimiento para Fernando.

En segundo lugar, tengo que agradeceros a todos vosotros que hayáis acudido a esta convocatoria, en una mañana de un sábado, 1 de Julio, cuando la mayoría de la gente inicia sus vacaciones. Lo cual demuestra no sólo el prestigio de estas reuniones de AEDOS, sino vuestra generosa amistad.

---

[*] Catedrático de Economía Aplicada

Aprovecho también para dar las gracias a José Luis Fernández que nos acoge en esta espléndida y querida sede de la Universidad de Comillas.

Quiero aprovechar la ocasión que se me brinda para comenzar diciendo que, aunque no lo haya citado expresamente en el prólogo de mi libro, esa publicación le debe mucho a lo aprendido a lo largo de estos años en los seminarios de AEDOS, a los que tengo el honor y la dicha de haber asistido desde hace ya mucho tiempo. Recuerdo que cuando empecé asistir a estos seminarios, acababa de sacar la plaza de profesor agregado de Estadística en la Facultad de Ciencias Económicas y Empresariales de la Universidad Autónoma de Madrid. Mi formación básica era la física teórica, más en concreto la mecánica estadística, tema de mi tesis doctoral, por eso, la interdisciplinaridad de los seminarios de AEDOS fue para mí un gran descubrimiento, una nueva visión que me ha ayudado a enfocar mejor el sentido de la teoría económica, por la que había empezado a interesarme. Escuchar y dialogar con juristas, teólogos, pedagogos, historiadores, etc., sobre la Doctrina Social de la Iglesia, me aportó un gran enriquecimiento que siempre agradeceré a AEDOS, y cuyos frutos subyacen a lo largo, no sólo del libro que hoy es objeto de este seminario, sino en todo mi discurrir durante estos años sobre el sentido de la economía.

Ha sido precisamente el poso dejado por esos diálogos con juristas, historiadores, sociólogos, filósofos, lo que me ha llevado a observar que los teóricos de la economía hablan de la acción humana como si se desarrollara en un vacío histórico, cultural, y legal.

A través de estos años que he dedicado al estudio de la economía me he dado cuenta de la necesidad de prestar una especial atención a los fundamentos antropológicos y jurídicos, que suelen pasar ocultos en los tratados de Economía. Eso es lo que me ha llevado a pensar que la economía se articula entre lo político, que es lo que he llamado Sociedad, y lo legal que es lo que he llamado el Estado.

Por eso me alegra especialmente ver que esta mañana, entre los ponentes y asistentes hay juristas, historiadores, filósofos, teólogos, etc., que con sus comentarios y observaciones me ayudarán a seguir ahondando en mi estudio de lo que hoy en día llamamos economía.

Una propuesta

Tengo que reconocer que el título de mi libro no proporciona mucha orientación sobre su contenido. Lo que de algún modo he tratado de decir es que la economía, tal como hoy día se entiende, es una extraña construcción que se apoya en dos diseños previos, el Estado y la llamada sociedad civil o mercado, sin los cuales no podría funcionar, es decir, que en ningún caso la Economía es una ciencia, como la física, que nada tiene que ver con la organización de la vida humana, con las costumbres y las leyes.

Como no pretendo repetir lo que ya he expuesto en mi libro, me he propuesto hacer lo que hasta este momento no me he atrevido a llevar adelante, dar mi opinión sobre cuál puede ser el núcleo de lo que se suele llamar economía o capitalismo. Algunos me han comentado que en mi libro hago una exposición, más o menos aceptable, de la evolución del pensamiento económico, pero que sería interesante que añadiera cuál es mi conclusión a la vista de lo expuesto.

En mi opinión, bajo lo que se conoce como economía se oculta una determinada ideología, más en concreto una antropología, que para simplificar llamaré individualista, o capitalista. Conviene en este sentido recordar que para los romanos *caput*, cabeza -sobre la que, en el teatro, se ponía la máscara -la persona- significa lo mismo que el puro individuo. Al modo del dios Jano, esa antropología presenta dos máscaras. De un lado, la que podríamos llamar el rostro liberal, que de algún modo pretende mantener la visión cristiana del hombre al reconocer su libertad e igualdad. De otro lado, el rostro capitalista, que considera el hombre como un individuo meramente natural, que sólo se mueve por el deseo insaciable de tener.

Desde el lado liberal se acepta, aunque de modo subjetivo, la apertura del hombre a la trascendencia, a su dimensión relacional o donal, clave para entender su libertad. Se propugna la construcción de la sociedad civil, ámbito de las libertades de los individuos.

Desde el lado estrictamente capitalista, parece como si se negara el lado liberal, pues se insiste en el naturalismo del hombre, en su incapacidad para la trascendencia, y se afirma que se mueve sólo por su propio interés, y que se lleva a cabo en los intercambios de mercado, bajo el control de una razón meramente instrumental. Pero, en realidad viene a sostener que el objetivo liberal, la llamada sociedad civil, sólo se alcanza a través de la dinámica del mercado. Este dualismo explica que siempre que se denuncian los fallos del capitalismo, esa ideología trate de buscar refugio bajo la más decente máscara de lo liberal.

En otras palabras, lo real, lo objetivo, lo único que está al alcance del individuo es el progreso material, el dominio técnico del universo, lo demás, incluido el supuesto acceso a la trascendencia, es meramente subjetivo, sin incidencia alguna sobre el orden y bienestar de la sociedad. La condición básica para la libertad es la prosecución del propio interés, buscar siempre la máxima ganancia monetaria. Algo así como una extraña esperanza intramundana.

Esta pesimista antropología ha pretendido dejar de lado la natural relación de dependencia entre las personas, bajo el argumento de que son relaciones no elegidas, y que la libertad sólo existe cuando las relaciones son de propia elección. Se ignora que la condición de persona requiere, tanto de la individualidad, como de la relacionalidad, y que sin apertura al otro, sin aceptar la dependencia mutua, no sólo no se establece la propia identidad, sino que tampoco se alcanza la irrepetible singularidad a la que está llamado cada hombre.

Sin apertura a Dios, a través del amor y servicio a los demás hombres, si el hombre se encierra en su individualidad se deshumaniza. Como decía Aristóteles, el que pretende vivir sin relación, o es un dios o es una bestia. En realidad sólo puede ser una bestia, ya que Dios es caridad. De modo análogo a la unidad de las tres personas divinas, la plenitud humana se alcanzará en la unidad de todos los hombres en Cristo.

El hombre-individuo no es más que pura subjetividad, y sólo puede afirmarse por su tener, por el siempre inseguro y limitado dominio sobre las cosas que le rodean. Lo cual explica que para el liberalismo capitalista la propiedad se haya constituido en elemento clave a la hora de establecer la identidad y libertad del individuo-hombre. Movido sólo por sus pasiones y sentimientos, y con el recurso a una razón meramente instrumental, la acción del hombre-individuo, su trabajo, sólo puede ser crematístico, volcado en buscar el modo más eficiente de aumentar su dominio-propiedad.

Ahora bien, como ese hombre-individuo no deja de ser un espíritu, su trabajo crematístico carece de límites, y su vida se convierte en una continua y penosa pugna por aumentar sus insaciables deseos de tener. Se plantea entonces un difícil problema, pues si los hombres-individuos sólo buscan incrementar sin término su poder y sus riquezas, la escasez se agudiza, y la interacción entre ellos sólo puede ser dominadora, excluyente, y conflictiva. Si sólo se contemplan intereses privados en pugna, un choque de deseos egoístas, ¿cómo puede lograrse algo parecido a una sociedad de hombres libres e iguales?

Una posible solución es confiar en la eficacia, en el logro "racional" del propio interés. En otras palabras, sólo si lo más esencial de las relaciones son de mercado, establecidas libremente, se logrará, a través de la competencia, la máxima eficacia, la mayor producción.

A través de la pugna de intereses contrapuestos, fundamento de la competencia de mercado, se dará lugar a un equilibrio, a un nuevo orden, regido por la eficacia-racional. Es decir, a un orden naturalista, de acuerdo con el modelo de las ciencias de la naturaleza, espontáneo y sin relación alguna con la ética y la política, sin que nadie se preocupe del bien común.

El problema del mercado es que, de un modo u otro, supone romper con el aislamiento del individuo, establecer relación y dependencia. En tal caso, como vio con claridad Hobbes, si se ha prescindido de la dependencia de Dios y de los demás, si cada uno sólo persigue incrementar su poder y su riqueza, ¿por qué respetar, no sólo el interés del otro, sino su vida? En frase de Dostoievsky: "si no hay Dios todo me está permitido".

Resulta entonces patente que toda relación implica la presencia de un Tercero, se hace entonces inevitable la necesidad de un "dios artificial" -como diría Hobbes- que haga posible una "teología civil", una nueva "religión laica" que garantice la vida, el poder y la propiedad, de cada individuo. Si se rechaza el amor a Dios y al prójimo, fundamento último del bien común, sólo cabe el temor a ese nuevo y terrible dios artificial, el Estado. Surge entonces un nuevo orden, en el que la autoridad ha quedado suplantada por el poder, que para Hobbes venía a ser la misma cosa.

Se hace entonces patente el carácter revolucionario del nuevo orden liberal o capitalista. Si se carece de pasado, se precisa un nuevo comienzo, un *novo ordo saeculorum*. Si el sentido de la historia no reside en un origen, sólo cabe apuntar a un futuro ideal y deseable. Una nueva idea de la historia, en parte heredada de la visión escatológica de la historia, propia del cristianismo, pero deformada, falsamente secularizada.

El inconveniente de todo enfoque revolucionario es que requiere partir de lo que no existe, pues niega el pasado, y el futuro está por llegar. No queda entonces más remedio que recurrir a lo mítico, a un hipotético "estado de naturaleza", un conjunto de individuos aislados, que de modo libre-racional decidan establecer el nuevo orden revolucionario.

Un punto de partida que no deje de ser una contradicción. Pues un individuo aislado, sin ninguna dependencia, al que nadie le ha enseñado a hablar, ¿cómo puede pensar? Si carece de una cultura, que supone relación y dependencia, cómo puede alimentarse, ya que carece de los instintos que tienen los otros seres vivos. Robinson Crusoe, un personaje de novela -muy difundida por aquellos tiempos- no es un individuo aislado, sino un náufrago, sabía leer y escribir, tenía toda la cultura de un marino de la época, y esperaba ser rescatado, volver a su comunidad; si no se habría dejado morir.

El "estado de naturaleza" venía a ser el mito fundador de una nueva religión neopagana, de una nueva creencia en el "paraíso perdido", donde el individuo habría sido libre, o lo que es lo mismo, propietario de sí mismo. Como todo mito, no deja de tener algo de verdad, pero al querer convertir al individuo aislado en elemento fundante, entra en pura contradicción, ya que un hombre aislado no es libre, ni tan siquiera biológicamente viable.

Se planteaba además un nuevo contraste entre las dos caras individualistas de la antropología. Del lado liberal, ese individuo, antes de entrar en sociedad, de constituir el Estado, tenía que ser libre, dueño de sí mismo, de su trabajo y de sus bienes. Del lado capitalista, la libertad y propiedad del individuo sólo son posibles bajo el poder del Estado, el único que garantiza la propiedad y el contrato, sin los que no cabe el funcionamiento del mercado.

Para no quedar atrapado en el poder absoluto del Estado hobbesiano, resultaba imprescindible, desde el punto de vista liberal, buscarle un fundamento individualista a la propiedad. Ahora bien, ¿cómo puede ser propietario un individuo aislado? ¿quién atribuye a cada uno lo suyo, si esta aislado?

Declarar que un individuo aislado es propietario de sí mismo, resulta tan absurdo como declarar que es propietario del lenguaje, pues si no hay interlocutor no hay ni lenguaje, como tampoco hay propiedad, ni derecho. Como reconocía Hume, el "estado de naturaleza" no dejaba de ser una ficción sin sentido.

No obstante, para el lado liberal, no quedaba más remedio que repensar el derecho en clave individualista, de modo que la propiedad fuese establecida como un derecho subjetivo, un atributo de cada individuo. Como diría Kant, la "esfera de la acción libre de cada uno", el ámbito de la realización externa de la libertad del individuo. El derecho de propiedad pasaría a ser "derecho de cada individuo".

Una posible solución fue que el trabajo, la propiedad y el poder, del individuo-hombre, fueran derecho propio de cada individuo, primero en el supuesto "estado de naturaleza", pero que a su vez garantizado por el poder del Estado, para hacer posible la mecánica del mercado. Es decir, un diseño cuya legitimidad se fundara en el nuevo "derecho natural individualista", y cuya legalidad la otorgara el poder del Estado.

La solución se concretaría en una ley fundamental, en una constitución. En el caso de Francia, en 1789, ese derecho fue declarado "sagrado", pero sería el Estado, por medio del código civil, el que de modo indiscutible e inapelable estableciera las bases del individualismo jurídico del nuevo orden crematístico, las que harían posible el mercado, fundamento de ese nuevo orden. Como dice Karl Polanyi, fue el código de Napoleón el que hizo posible "la gran transformación".

En este sentido, pienso que se puede sostener, que el nuevo orden de la economía crematística, está ligado a tres famosas revoluciones, la inglesa, la americana y la francesa.

En todas estas constituciones destaca el interés por situar el binomio propiedad-libertad en un hipotético "estado de naturaleza", para posteriormente darles eficacia, mediante una "declaración de derechos del hombre-individuo", ligada a la constitución, y respaldada a su vez por el poder del Estado.

El objetivo de esas "declaraciones de derechos" fue afirmar la libertad e igualdad para todos los individuos, una libertad reducida al logro de sus propios intereses, y declarada esencia de la felicidad. De modo muy significativo, Jefferson, uno de los padres fundadores de la constitución norteamericana, dejó escrito que la propiedad privada era el principio de felicidad pública. Por otra parte, es oportuno recordar, que esas constituciones fueron establecidas por asambleas legislativas dominadas por los nuevos propietarios individualistas y crematísticos.

Como señalaría Tocqueville, la libertad pública, la del simple individuo, fuese o no propietario, sería la primera en desaparecer, al quedar aplastada por la libertad privada otorgada al individuo propietario.

Toda constitución, ley suprema, pretende ser expresión de una voluntad absoluta, algo más propio de los dioses, de alguien que se sitúa más allá del tiempo y de la historia. Sólo un poder cuasi divino puede hacer aparecer el *novo ordo saeculorum*. En palabras de Rousseau, a la hora de hacer una constitución, "haría falta ser dioses", disponer de un poder divino. Lo que explica, en el caso de la revolución francesa, que se procediera la deificación del pueblo. En palabras de Locke, "sólo una llamada al Dios de los Cielos" podría servir de ayuda a quienes salían del "estado de naturaleza" y se proponían establecer la ley fundamental de una sociedad civil.

Sólo la experiencia y el sentido común había conducido a la convicción, tanto para el *Nomos* griego como para la *Lex* romana, que a la hora de legislar no se requería de la inspiración divina, ni de un poder absoluto, bastaba con la sabiduría práctica, atenerse a lo que se descubre entre todos en la convivencia diaria, en búsqueda siempre de la mejor solución.

Si se niega la sabiduría práctica al establecer las leyes humanas, se hace entonces inevitable una creencia en un poder absoluto. En cualquier caso, la ley no puede apoyarse en una razón de tipo cartesiano, en ideas evidentes por sí mismas. Así, por ejemplo, la afirmación de que todos los hombres nacen libres e iguales, no es, a pesar de las rotundas declaraciones de Jefferson, una idea evidente por sí misma. Algo que, para él mismo, dueño de varios centenares de esclavos, no parece que fuera tan evidente.

Propiedad y trabajo

El problema de la economía crematística se plantea en toda su gravedad a la hora de enfocar el trabajo, pues si bien la propiedad admite -hasta cierto punto- un enfoque individualista, no sucede lo mismo con el trabajo que, por esencia, es relacional, un tejido de servicios mutuos, de tal modo que individualizar el trabajo viene a ser lo mismo que negarlo.

La vertiente liberal del capitalismo propugna libertad e igualdad. Ahora bien, al poner la propiedad individualista como fundamento de la libertad, ¿deberían entonces todos los individuos ser propietarios? Por contraste, desde la vertiente crematística del capitalismo, la desigualdad resulta esencial, ya que alimenta la dinámica de la competencia, clave para el funcionamiento del mercado.

Sin desigualdad, sin diferencias, sin complementariedad, la relación y el intercambio carecen de sentido. Tanto la propiedad como el trabajo son un modo de asumir y complementar esas desigualdades, haciendo posible tener todo en común, al tiempo que se respeta la autonomía e iniciativa de todos. En el ámbito del trabajo, en la producción, no cabe la igualdad, pues se requiere de la cooperación de muy distintas capacidades y habilidades. Como tampoco tendría sentido el derecho, pues si no hay relación y dependencia, pierde sentido la propiedad, el contrato y el mismo sentido de la justicia.

Desde muy antiguo se conoce que la producción sólo es posible mediante la conjunción de la propiedad con el trabajo, algo connatural al *oikos*, la comunidad familiar, base de todas las demás relaciones.

Los antiguos, que no acababan de entender muy bien el sentido del trabajo, lo consideraban una necesidad inevitable, pero carente de sentido. Consideraban que la vida buena, la propiamente humana, era la liberada del trabajo. El objetivo era por tanto reducirlo al mínimo necesario, para lo cual decidieron mantenerlo bajo control, someterlo a la siempre limitada necesidad de una familia, y llevado a cabo por esclavos, cuya vida no se consideraba propiamente humana.

Siglos después, al surgir la ideología individualista, el sentido de la historia se hizo inmanentista o materialista, y el sentido del trabajo quedó reducido a su dimensión objetiva o externa, a la multiplicación sin límites de la riqueza. El trabajo volvió a ser reducido a mero instrumento, pero de cara al progreso, al dominio técnico del universo. Se mantenía la idea de que el trabajo era inevitable, una actividad despreciable, pero indispensable para lograr el nuevo modo de entender el fin de la historia, el progreso material.

Se llevó a cabo una simetrización, en sentido opuesto, a lo que había sucedido en el mundo antiguo. Se sostenía que había que controlar el trabajo, pero no con vistas a limitarlo, sino todo lo contrario, para lograr un aumento continuado de la producción. Se tenía la convicción de que con el progreso el trabajo se iría transformando, hasta llegar desaparecer. Algo explícito en el caso de Marx, para quien al final surgiría el hombre socialista, que asombrosamente habría quedado liberado del trabajo. Una idea que se repite hoy día entre los que hablan del "fin del trabajo", con ocasión de la llamada "inteligencia artificial".

Se mantuvo la muy arraigada idea de que propiedad y trabajo son inseparables, pero se volvió imponer el dominio del trabajo por parte de la propiedad, no para mantenerlo limitado, sino para llevarlo al extremo, con vistas al enriquecimiento del propietario individual. Ni los antiguos, ni los modernos individualistas, han alcanzado a entender el sentido de la historia, y por tanto el del trabajo. En ambos casos se partía de una muy deficiente antropología.

En las tres grandes constituciones, las que dieron lugar a la modernidad, se declaraba como "derecho del individuo" la muy antigua idea esclavista del sometimiento del trabajo a la propiedad, traducida en una regla muy simplista: a la hora de articular la unidad de la propiedad con el trabajo, será el propietario el único que decidirá. En este sentido, cabría decir que los propietarios capitalistas son déspotas constitucionales.

Para ocultar, de algún modo, la arbitrariedad de este privilegio constitucional, y puesto que no se podía seguir manteniendo la esclavitud, se recurrió al llamado "contrato de trabajo", un modo de disimular, bajo la hipotética igualdad contractual de los individuos, la innegable desigualdad de otorgar primacía a las cosas sobre las personas.

Según el planteamiento liberal todos los individuos son iguales, al menos en cuanto "propietarios de sí mismos". Una manera un tanto cínica de afirmar que todos son propietarios de un esclavo –de uno mismo-. Ahora bien, como ya no estaba bien visto vender o comprar una persona, el "contrato de trabajo" permitía disimular ese nuevo tipo de esclavitud, al sostener lo que se compraba y vendía era una mercancía ficticia -la labor- una hipotética sustancia que brotaría del cuerpo de todo individuo.

La inseparabilidad de propiedad y trabajo se hace patente en el producto final. No obstante, por ley, el producto final queda asignado al propietario de las cosas, de los llamados medios de producción. Una ley, que bajo apariencia de libertad contractual, oculta una expropiación, eso sí, respaldada constitucionalmente, pero que no deja de ser una expropiación, o todavía peor, un sometimiento de las personas a las cosas, que es la esencia de la esclavitud. De este modo no sólo se falsea el sentido del trabajo, sino también el de la propiedad.

El constitucionalismo, aunque revolucionario, fue sobre todo burgués y conservador, trató de establecer una separación entre propiedad y poder, entre sociedad civil y Estado, pero en realidad, lo que hizo fue imponer, en el ámbito de la sociedad civil, o mercado, una nueva y muy estrecha alianza entre la propiedad individual y el poder, dando lugar a un poder privado, esencial para el desarrollo de la economía crematística.

En nuestros días, se ha hecho patente que la propiedad capitalista esta fundada, en último término, en el poder absoluto del Estado, con lo que al final se ha venido a dar la razón a Hobbes frente a Locke. Basta comprobar la continua tensión entre el socialismo, que propugna que el Estado sea el único propietario, y el capitalismo, que insiste en que el Estado se limite a respaldar un derecho constitucional de los propietarios como individuos.

Una de las pruebas más evidentes de esa lamentable manera de entender la propiedad como dominio sobre el trabajo, es que muy pronto, el llamado "contrato de trabajo" resultó insostenible. Se hizo entonces inevitable una nueva intervención del Estado, para lograr una cierta "desmercantilizar" del trabajo, pero sin cambiar concepto capitalista de propiedad. Surgió así una legislación laboral que ha venido a dejar bien patente que, no sólo el poder del propietario capitalista, sino la misma propiedad capitalista, son una imposición del Estado, que para los individualistas es la fuente de ley.

Una trágica consecuencia de esa visión capitalista de la propiedad es que la empresa, en cuanto genuina expresión del trabajo libre, no existe para la actual legislación. Lo que ahora se suele llamar empresa, no es más que la organización productiva, una manera muy deformada de entender el sentido del trabajo, que carece de un adecuado reconocimiento jurídico.

No existe la empresa, en su sentido propio, porque la modernidad no entiende el sentido real trabajo, ni en consecuencia el sentido de la historia. Si la producción se orienta sólo a su resultado externo, al aumento del dominio técnico de la naturaleza, el trabajo se deforma y pierde su sentido. Sólo queda el "empleo", donde los hombres no son más que medios, "recursos humanos" con vistas al producto. Todavía peor, en la llamada organización del trabajo, bajo la llamada "gestión de los recursos humanos", no ha desaparecido la esclavitud, sino que existe lo que podríamos llamar "la esclavitud por horas". Como la misma legislación laboral viene a reconocer, el que trabaja es libre, pero fuera de su lugar de empleo. Dentro de la "organización capitalista del trabajo", nadie es responsable en sentido pleno, nadie hace "su trabajo", ni se siente en "su empresa", sino que hace lo que le mandan, con vistas a un resultado externo y extraño, que es lo propio de la esclavitud. Por mucho que este hecho se trate de ocultar, desde los tiempos de la "legislación social" de Bismarck, que no era precisamente un liberal, pero sí un convencido capitalista.

La economía, tal como se entiende hoy día, esta deformada por los condicionamientos impuestos por la llamada sociedad civil, a través del llamado contrato de trabajo, en definitiva por el Estado, que mantiene y respalda esa visión dominadora y despótica del trabajo. Eso es lo que en el fondo he pretendido decir con el título que he dado a mi libro.

COMENTARIOS

I. ANTROPOLOGÍA, RACIONALIDAD Y TEORÍA ECONÓMICA

Una nota acerca de <<Economía, Sociedad y Estado>>

Rafael Rubio de Urquía[*]

(I)   INTRODUCCIÓN Y PROPÓSITO

Fue para mí una satisfacción participar en la Sesión del Seminario Permanente Bibliográfico consagrada al reciente libro de Miguel-Alfonso Martínez-Echevarría *La Economía entre la Sociedad y el Estado*.

Conozco a Miguel-Alfonso, muy querido y apreciado amigo y compañero, desde hace muchos años. A lo largo de esos años, Miguel-Alfonso y yo hemos colaborado en múltiples actividades académicas, en diversos lugares y sedes académicas y, sobre todo, hemos mantenido una gran amistad. A lo largo de los años he leído muchos de los trabajos de Miguel-Alfonso y mantenido con él muchas conversaciones acerca de temas científicos. Así es que, aunque no he conocido hasta hace poco el reciente libro de Miguel-Alfonso, ni la temática de éste, ni lo que acerca de esos temas se dice me han resultado ajenos.

---

[*] Catedrático de Teoría Económica.

Nota editorial: Por deseo expreso del autor, no se unifica el estilo de signos gráficos con el resto del libro.

En las páginas que siguen voy a dar una indicación de lo que expuse en mi intervención en la Sesión <<Un Comentario Global>>, que fue bastante breve, en la última Parte de la Sesión.

Me voy a referir, exclusivamente, en este Comentario Global, a dos temas centrales en la estructura general del libro La Economía entre la Sociedad y el Estado, que son los siguientes: la naturaleza de las Teorías Económicas y el <<lugar>> de <<Economía>> en relación con <<la Sociedad>> y <<el Estado>>. No voy a comentar lo que acerca de esos temas el autor va diciendo a lo largo del libro, y que, por lo que alcanzo a ver, son centrales en todo el desarrollo de éste.

Lo que voy a exponer aquí son ciertos elementos teóricos fundamentales de esos temas en sí mismos, válidos, lo tengo por cierto, para cualquier contenido afirmativo que pueda hacerse acerca de estos en particular. Me parece que esto puede ser de utilidad para hacerse más plenamente cargo tanto de la estructura argumental del libro como de su contenido afirmativo.

Doy por supuesto que el lector conoce el libro, muchos de cuyos elementos están siendo objeto de comentario en esta Sesión. Este conocimiento previo me parece imprescindible dados el propósito (del autor del libro) y la complejidad de estructura de composición y de variedad temática y la extensión de cobertura bibliográfica de referencia del libro.

Los dos temas, Teoría Económica y lugar de <<Economía>> en relación con <<Sociedad>> y <<Estado>> son distintos, aunque están relacionados entre sí. Voy a seguir aquí un modo de exposición, que me parece adecuado para los fines de este trabajo, en el que elementos de uno y otro tema se van introduciendo de manera alternada.

(II) TEMA PRIMERO, 1.
LA NATURALEZA DE LAS TEORÍAS ECONÓMICAS:
FUNDAMENTOS GENERALES

Para cualquier significado que se asigne a la palabra <<Economía>>, eso así designado se refiere a algo propio de <<Generación de Acción Humana y Realidad Histórica>>. Pero he aquí que todas las Construcciones Teóricas relativas a <<algos>> de <<Generación de Acción Humana y Realidad Histórica>> tienen, estos <<algos>> los que fueren, la misma estructura fundamental y la misma naturaleza. Doy seguidamente una indicación de en qué consisten esa estructura fundamental y esa naturaleza.

Considérense las tres clases de enunciados siguientes.

Primera, enunciados que denominaremos (estrictamente) <<<u>antropológicos</u>>>. Segunda, enunciados a los que denominaremos <<<u>meta-antropológicos</u>>>. Tercera, enunciados a los que denominaremos <<<u>cosmovisivos</u>>>.

Los enunciados estrictamente antropológicos predican notas, características, propiedades, etc. del Ser Humano. Acotamos el campo de <<lo estrictamente antropológico>> del modo siguiente. Los enunciados antropológicos más fundamentales, <<de más bajo nivel>>, son acerca de <<lugar de lo Humano en lo existente>>. Los enunciados acerca de <<interacción entre Seres Humanos>> no son enunciados estrictamente antropológicos, sino enunciados <u>meta-antropológicos</u>.

<u>Una Antropología es una Concepción de Ser Humano</u>, expresada en términos de enunciados antropológicos.

De entre las características notables de las Antropologías voy a indicar aquí las dos siguientes. Primera, su estructura lógico-significativa interna (consistencia, mapa lógico, etc.). Segunda, su riqueza en aprehensión de realidad del Ser Humano. A estos, y a otros, respectos las Antropologías (ya disponibles o susceptibles de ser formuladas) pueden diferir, y difieren, desde <<muy poco>> hasta <<muy mucho>>.

Una <<meta-Antropología>> es una concepción de <<lo social-sistémico Humano>>. Las meta-Antropologías se expresan mediante sistemas de enunciados meta-Antropológicos.

Obsérvese que una meta-Antropología <<empieza>> donde <<termina>> alguna Antropología. Mismas características notables que las indicadas para las Antropologías: estructura lógico-significativa interna y riqueza en aprehensión de realidad de lo social-sistémico Humano. Las meta-Antropologías, ya disponibles o susceptibles de ser formuladas, pueden diferir entre sí, y difieren, <<muy poco>>, <<mucho>>,<<muy mucho>>, etc.

Las <<Cosmovisiones>>, formadas por sistemas de enunciados cosmovisivos, tienen una naturaleza y una estructura interna mucho más complejas que las de las Antropologías y las meta-Antropologías. Para los fines de este trabajo bastará con indicar lo que sigue: de modo general, una <<Cosmovisión>> es una Concepción de <<lo existente>> que contiene, o implica, al menos un sistema de enunciados acerca de <<lugar de lo Humano e lo existente>>.

<<Cosmovisiones>>, <<Antropologías>> y <<meta-Antropologías>> están ligadas entre sí del modo siguiente. Toda <<meta-Antropología>> implica (lógico-significativamente) al menos una Antropología, pero no a todas ni a cualquiera. Toda Antropología implica(lógico-significativamente) al menos una Cosmovisión, pero no a todas ni a cualquiera. Esta estructura de relación nos conduce al concepto de <<Sistemas Cosmovisiones-Antropologías-meta-Antropologías>>.

El tipo de sistema <<Cosmovisiones-Antropologías-meta-Antropologías>> más simple, que es al que aquí nos atendremos, está formado por una meta-Antropología, una Antropología <<soportante>> de esa meta-Antropología y una Cosmovisión <<soportante>> de esa Antropología.

Podemos, ahora, introducir el concepto de <<Construcción Teórica relativa a Acción Humana y Generación de Realidad Histórica>>.

Considérese el espacio (analítico) de todos los Seres, procesos, dinámicas, estados, fenómenos, etc., real-empíricos o ideales, propios de Acción Humana y Generación de Realidad Histórica. Una Construcción Teórica relativa a Acción Humana y Generación de Realidad Histórica es un Sistema (de sistemas) de enunciados expresivo de respuestas a preguntas acerca de <<qué>>, <<cómo>>, <<por qué>>, etc., de <<algo>> perteneciente a ese espacio. Veamos la estructura fundamental y la naturaleza de ese sistema (de sistemas) de enunciados.

Con independencia de en qué consista el <<algo>> al que se refiere la Construcción Teórica y de si ese Sistema (de sistemas) de enunciados sólo contiene enunciados meta-Antropológicos o sólo Antropológicos, tenemos lo siguiente. Toda Construcción Teórica <<forma parte>> (es elemento), objetivamente, de algún Sistema <<Cosmovisiones-Antropologías-meta-Antropologías>>.

La estructura fundamental objetiva de toda Construcción Teórica es, entonces, necesariamente, la siguiente:

(i) descripción de un cierto <<mundo ideal>> (aquí <<ideal>> significa <<producto de actos de praxis científica>>) aprehensivo del <<algo>> mediante un sistema de enunciados <<parte>> de algún Sistema de <<Cosmovisiones-Antropologías-meta-Antropologías>>; (ii) un sistema de enunciados, implicados por (i), descriptivo de propiedades del

<<mundo ideal>> descrito en (i), las <<leyes>> de ese <<mundo ideal>>.

Una Construcción Teórica relativa a <<Acción Humana y Generación de Realidad Histórica>> es una pretensión de conocimiento racional acerca de <<algo>> de la realidad de <<Acción Humana y Generación de Realidad Histórica>> consistente en la formulación (por parte de alguien, etc.) de un <<mundo ideal>> (con sus propiedades, etc.) postulado como aprehensivo de ese <<algo>>.

La explicación (cómos, por qués, etc.), de elementos de ese <<algo>> mediante la Construcción Teórica es la explicación de elementos del <<mundo ideal>>, y consiste en lo siguiente: si un objeto de explicación pertenece al <<mundo ideal>>, lo que requiere satisfacer las <<leyes>> de ese <<mundo>>, entonces la explicación consiste en aplicar a ese objeto la racionalidad interna de ese <<mundo ideal>>. Sólo es posible hacer esto si el objeto de explicación satisface las <<leyes>> de ese <<mundo>>. Pero, nótese bien, no son esas <<leyes>> las que <<explican>> al objeto, sino la racionalidad interna del <<mundo>> postulado.

Téngase bien presente que en la formación del sistema de enunciados definitorio del <<mundo ideal>>, y, por lo tanto, en <<cómo sea>> la racionalidad interna de ese <<mundo>>, y, en consecuencia, en la <<explicación>> que esa Construcción Teórica puede dar, son productivos todos los estratos de enunciados pertinentes en cada caso del Sistema <<Cosmovisiones-Antropologías-meta-Antropologías>> al que pertenezca objetivamente el sistema de enunciados expresivo del <<mundo ideal>>.

Lo que acabo de hacer notar es de la mayor importancia en general; pero debe ser tenido muy en cuenta en relación con las exposiciones que se hacen en el libro _La Economía entre la Sociedad y el Estado_.

Téngase, igualmente, bien presente lo siguiente: (i) el <<mundo ideal>> postulado en una Construcción Teórica puede ser <<nada>>, <<muy poco>>, <<poco>>, <<mucho>>, etc., aprehensivo de la realidad de <<Acción Humana y Generación de Realidad Histórica>> a la que pretende referirse; (ii) el sistema de enunciados definitorio del <<mundo ideal>> de una Construcción Teórica puede contener inconsistencias internas, zonas borrosas, vacíos y lapsos, etc. En consecuencia, las Construcciones Teóricas relativas a <<algo>> de <<Acción Humana y Generación de Realidad Histórica>>, ya disponibles o susceptibles de ser formuladas, pueden diferir, y difieren, muy mucho entre sí, en varios o en todos los aspectos.

Lo indicado hasta ahora se aplica a toda Construcción Teórica relativa a cualquier <<algo>> de <<Acción Humana y Generación de Realidad Histórica>>. Las Construcciones Teórico-Económicas, para cualquier significado que se dé a la palabra <<Economía>> (y <<económico>>, etc.) son construcciones teórico-económicas relativas a <<algos>> de <<Acción Humana y Generación de realidad Histórica>>. Ahora bien ¿qué tiene de específico una Construcción Teórico-Económica?

Para examinar esa pregunta debemos introducir algunos elementos del segundo tema, <<lugar de "Economía">> en relación con <<"Sociedad" y "Estado">>, que es lo que voy a hacer a continuación.

(III)   TEMA SEGUNDO. LUGAR DE
<<ECONOMÍA>> EN RELACIÓN CON
<<SOCIEDAD>> Y <<ESTADO>>

Consideremos una descripción analítica de la dinámica general de <<Acción Humana y Generación de Realidad

Histórica>>, que daré en sus términos más <u>sintéticos</u>, para un Grupo Humano cualquiera. En esta descripción se incorporan desde el principio las dos notas siguientes: primera, la cualidad <u>proyectiva</u> de la Acción del Ser Humano, y, segunda, la naturaleza <u>sistémica</u> de la interacción entre Seres Humanos.

He aquí. Considérese la sucesión, representada a lo largo de tiempo del reloj, de las vidas de los Seres Humanos del Grupo, a partir, para simplificar, de un de un cierto momento inicial cualquiera. En general tenemos, a partir de ese momento inicial, transformaciones de varios tipos, en los Seres Humanos (transcursos vitales, muertes, nacimientos, etc.), en los sistemas de socialidad, los territorios, etc. Esa fluencia puede ser descrita en términos de procesos de generación y despliegue de Acción de los Seres Humanos y generación de <u>productos</u> de esos despliegues de Acción. Cada Ser Humano va generando y desplegando <u>Acción proyectiva</u>, a lo largo de su vida y la (permanente) <u>interacción</u> objetiva (<<se dá de hecho>>) y subjetiva (<<se proyecta como tal>>), entre esas secuencias de despliegues de Acción va generando <u>sistémicamente</u> <u>realidad</u> <u>histórica</u> de todo tipo.

Obsérvese que: (<u>i</u>) la Acción <<planeada>> por cada Ser Humano en cada momento puede resultar nada, poco, mucho, etc., <u>realizable,</u> pero, en todo caso, el <u>despliegue</u> (intento de realización) de esa Acción planeada <u>surte efectos;</u> (<u>ii</u>) la capacidad de Acción de los diferentes Seres Humanos, en cada momento y a lo largo de la secuencia temporal, puede ser muy diferente, de unos a otros y a lo largo de la vida de cada uno de ellos; (<u>iii</u>) caben, en cada momento de la secuencia temporal y a lo largo de ésta, Acciones planeadas de Seres Humanos individuales, <<coaliciones>> de éstos, etc., en los que influir, controlar, etc., a otros Seres Humanos es objetivo de Acción; (<u>iv</u>) la secuencia temporal de productos sistémicos de interacción entre despliegues de Acción puede incluir la generación de <<novedades>> no previstas, que sin embargo, son producto sistémico objetivo de la Acción planeada.

Los <<productos (históricos) de la secuencia de despliegues interactivos de Acción>> incluyen todo lo relativo a lo que se designa con las palabras <<Sociedad>> y <<Estado>>, para todas las acepciones corrientes de esas palabras. No hay tal cosa como <<Sociedad>>, por una parte, <<Estado>>, por otra, y, más allá <<otros productos>>. Cosa enteramente distinta es que <<quepa distinguir>> entre unos y otros productos y que, para esa operación (que, por otra parte, no es la misma para todos los Seres Humanos), se introduzcan vocabularios. Pero, por la propia naturaleza de su proceso de generación, todos esos productos están orgánicamente ligados entre sí, a lo largo de la secuencia temporal (fluencia histórica).

Detengámonos ahora en la secuencia relativa a un Ser Humano. Tenemos, a partir de un <<momento inicial>>, la secuencia formación de Acción proyectiva, generación de Acción mediante el intento de ejecución de esa Acción planeada, percepción de transformaciones habidas, nueva formación de Acción planeada, y así, sucesivamente, hasta la desaparición histórica de ese Ser Humano. Tomemos, seguidamente, un elemento de esa secuencia, consistente en un <<haz de planes (de Acción de ese Ser Humano)>> formado por ese Ser Humano para un <<futuro subjetivo>> a partir de un instante determinado. Aquí, claro está, estoy dando una descripción fuertemente esquemática del asunto, pero enteramente válida en sí misma y para los fines de esta exposición.

Examinemos ese <<haz de planes (de Acción)>>. Está proyectado para un periodo temporal de futuro subjetivo, con un comienzo y un final. Obsérvese que esa acotación temporal no incluye, en absoluto, qué elementos de ese <<haz>> puedan <<venir de antes>> o, y, puedan ser parte de <<haces>> posteriores. El <<haz>> está constituido por una malla de

<<acciones>> y <<objetivos>> (¡simplificación expositiva!) distribuidos a lo largo del periodo, ligados entre sí proyectivamente. La composición de las <<acciones>> y los <<objetivos>>, la <u>estructura jerárquica del sistema de <<objetivos>></u> y las conexiones operativas que ligan proyectivamente a éstos, <<acciones>> y <<objetivos>>, entre sí, obedecen a una <u>intencionalidad</u> del Sujeto que ha proyectado y adoptado efectivamente <u>ese</u> <<haz>>. En el complejísimo proceso de formulación y adopción (posiblemente entre otros <<haces>> alternativos) de <u>ese</u> <<haz>> tienen, entre otros factores, singular importancia lo que (en el momento de constituir y adoptar el <<haz>>) tiene el Sujeto por <<posible>> (pretensión de <u>conocimiento</u>) y por <<mejor>> (concepción de <<bueno>>, etc.).

Obsérvese que: (<u>i</u>) varios de los elementos constitutivos de los procesos de constitución y adopción del <<haz>> pueden ser diversamente <<claros>>, <<borrosos>>, etc.; (<u>ii</u>) el <<haz>> puede ser, <u>ex-ante</u>, nada, poco, etc., <u>realizable</u>; (<u>iii</u>) entre los <<objetivos>> de Acción puede haber <<objetivos>> de todo tipo, relativos a otros Seres Humanos; (<u>iv</u>) en modo alguno puede suponerse <u>a priori</u> y, <<en general>>, que <<todos>> los <<haces>> de todos los Seres Humanos concurrentes en <u>la interacción</u> <<son parecidos>> y, sólo difieren en aspectos <<cuantitativos>>. Las diferencias entre los Seres Humanos concurrentes y sus <<haces>> instantáneas (para cualquier instante de la secuencia temporal), pueden diferir entre sí muy mucho en elementos centrales. Entre éstos, están las <u>coberturas estratégicas intencionales</u> relativas a <u>otros</u> Seres Humanos. Esto es de la <u>mayor</u> importancia para lo que estamos tratando en este trabajo.

Llegamos ahora a un punto <u>de la mayor importancia</u>.

Considérese el conjunto de las <<acciones>> y los <<objetivos>> en el <<haz>> y, en general, de lo susceptible de ser adoptado por los Seres Humanos como <<acciones>> o como <<objetivos>> (¡recuérdese la enorme simplificación expositiva, sólo <<acciones>>, sólo <<objetivos>>!) en sus <<haces (de planes de Acción)>>. De entre todos los criterios de clasificación susceptibles de ser adoptados para describir ese conjunto, fijémonos sólo en el siguiente: lo que <<tiene (o es susceptible de tener) "precio" y lo que <<no tiene (y no es susceptible de tener) "precio">> y lo que <<no tiene (y no es susceptible de tener) "precio">>. A lo que tiene o es susceptible de tener precio lo denominaremos <<monetizable>> y a lo que no tiene y no es susceptible de tener precio, lo denominaremos <<no monetizable>>.

El tema general de <<lo monetizable>> es muy complejo. En la composición de preguntas incluidas en ese tema las hay de la índole más diversa, entre otras, por ejemplo, lo relativo a la pregunta general <<qué>> y <<por qué>> es <<aritmetizable>> de entre lo existente o susceptible de existir. Aquí, obviamente, no es ni posible ni necesario tratar de nada de eso. Bastará con remitir a la evidencia empírica inmediata: hay elementos (en los <<haces de planes de Acción>> de cualquier Ser Humano) que no son <<monetizables>> y otros que sí lo son.

Preguntémonos ahora, ¿constituye el conjunto de <<acciones>> y <<objetivos>> <<monetizables>> en un <<haz>> una <<zona autónoma>>, susceptible de ser analíticamente tratada <<por separado>>? El examen de la estructura (<<acciones>>, <<objetivos>>, sistemas de conexiones proyectivas entre éstos) de cualquier <<haz>> muestra inequívocamente que la respuesta a esa pregunta es negativa. Si, de la estructura del <<haz>> se suprime, <<pone entre paréntesis>>, etc., la <<zona no monetizable>>, la <<zona monetizable>> desaparece, <<se cae>> de modo inmediato.

No hay en la Acción Humana tal cosa como <<una zona autónoma de "lo que tiene precio">>.

Todos los elementos del <<haz>> son orgánicamente, y sólo así, significativos. La racionalidad subjetiva de esa organicidad específica de cada <<haz>> viene dada por la estructura de la intencionalidad del Sujeto (en ese momento), principalmente plasmada en la estructura jerárquica del sistema de <<objetivos>> en el <<haz>>. Lo generado (Acción efectivamente desplegada) por la adopción e intento de ejecución del <<haz>> no es internamente <<separable>>.

La palabra <<economía>> (y, <<(lo) económico>>, etc.) ha sido y es utilizada en los lenguajes (común, académico, etc.), con una pluralidad de significados. Para cualquiera de esos significados tenemos que: la <<economía>> (referida a Seres Humanos individuales, a Grupos Humanos, etc.), no forma un <<algo>> autónomo ni en la Acción Humana ni en la Generación de Realidad Histórica.

Los consumos, producciones, morfologías de la actividad, etc., etc. en cada momento observables son producto conjunto de la Dinámica General de ese Grupo Humano. Creer que lo que, por ejemplo, traen las Cuentas Nacionales, o las estadísticas monetarias, etc., refleja una realidad (al menos principalmente) autónoma es tomar un espejismo por realidad. Creer que <<lo que se observa>> en esas Cuentas, etc., <<puede ser entendido por sí mismo>> es un disparate teórico y, en general, intelectual.

De la incesante y complejísima interacción entre constitución y despliegue de Acción Humana, a lo largo de la Dinámica de Generación de Realidad Histórica, va surgiendo, inseparablemente, <<Sociedad>>, <<Economía>> y <<Estado>>, entre otras realidades.

La <<Economía>> está entrelazada con <<Sociedad>>, <<Estado>> y otras muchas realidades. Todo ésta complejísima Dinámica General puede ser descrita de modo sistemático, con mucha más precisión y detalle (¡pudiendo dar, entonces, cabida exacta a un significado adecuado y preciso de <<economía>>!). Para los fines de este trabajo será suficiente, espero, la indicación que acabo de dar.

Que <<Economía>> se co-genere <<entrelazada>> orgánicamente con <<Sociedad>>, <<Estado>> y otras realidades, no implica, en absoluto, ni <<fluencia histórica "armoniosa">>, ni, mucho menos aún, <<general acomodación de y equilibrio entre las sucesivas intencionalidades de todos los Seres Humanos concurrentes en la interacción>>, ni en un momento de la secuencia temporal ni a lo largo de ésta. En ese continuo proceso de interacción entre intencionalidades, individuales y grupales, pueden perfectamente, darse intencionalidades incompatibles entre sí, enormes diferencias de capacidades individuales y grupales, etc. De modo que son enteramente posibles las más diversas, en <<dirección>> y contenido, Dinámicas Generales, a lo largo de períodos temporales de diversas duraciones. Y, en esto, está también <<Economía>>.

(IV) TEMA PRIMERO, 2. LA NATURALEZA DE LAS TEORÍAS ECONÓMICAS:

LA ESPECIFICIDAD DE LAS CONSTRUCCIONES TEÓRICO-ECONÓMICAS EN EL CONJUNTO DE LAS CONSTRUCCIONES TEÓRICAS.

Uno de los elementos que, como <<factor>> están productivamente presentes en esta Dinámica General es <<el espacio de las Teorías Económicas>>. Éste <<espacio>> incluye en cada momento, no sólo las Teorías <<tal y como se exponen en los textos científicos>> (¡lo que es ya de por sí, algo mucho más complejo y desconocido de lo que se cree!), sino también

<<lo que de esas Teorías es percibido en general y también las elaboraciones de las gentes, lo que, a su vez, como hemos visto, resulta de la mayor importancia para la constitución de los <<haces (de planes de Acción)>> de los Sujetos.

Esto nos traslada, ya por última vez y de modo brevísimo, al primero de los dos temas, las Teorías Económicas.

Comencemos observando que: el <<espacio Teórico-Económico>> vá generándose, a lo largo de la secuencia temporal, como un producto orgánico (más) de la continua interacción entre intencionalidades.

Recordemos que, según he indicado en su momento, cada Teoría Económica es, objetivamente, una pretensión de conocimiento acerca de <<Acción Humana y Generación de Realidad Histórica>>. No es, objetivamente (con independencia de la apariencia superficial de la exposición y, o, de lo que <<crea que está haciendo>> el autor o el usuario de la Teoría), un sistema de enunciados cuya racionalidad interna es esencialmente independiente de <<lo no monetizable>>.

Como hemos visto cada Teoría Económica es, objetivamente, un segmento de algún Sistema <<"Cosmovisiones"-"Antropologías"-"meta-Antropologías">>, con una estructura fundamental en la que la Antropología es central, dependiente de alguna Cosmovisión en modo no trivial, siendo a su vez, la Antropología fundamento de la posible meta-Antropología de la Teoría.

Ahora, en el pasado y, probablemente, en el futuro, los <<espacios Teórico-Económicos>> incluyen Teorías dependientes de Antropologías muy diferentes entre sí. Muy distintas en aprehensión de realidad y, por consiguiente, en valor explicativo y en valor en cuanto pretensión de realidad. Y, evidentemente, esto ha tenido y tiene sus consecuencias prácticas en la generación de realidad.

Obsérvese que lo que acabo de decir, y cuya exacta correspondencia con la realidad puede ser apreciada con facilidad, no quiere decir ni que no pueda haber <<progreso Teórico-Económico>> ni que, a lo largo de los siglos, no lo haya habido. Puede, desde luego, haber <<progreso Teórico-Económico>>, y, ciertamente, ha habido, a lo largo de los siglos <<progreso Teórico-Económico>>. Ahora bien, en qué consista el <<progreso Teórico-Económico>> (pregunta gnoseológica, metodológica y teórica) y en qué haya ido consistiendo ese <<progreso>> hasta hoy (pregunta acerca de la realidad histórica) son temas aparte, en cuyo examen no voy a entrar aquí.

(V) Final

El libro _La Economía entre la Sociedad y el Estado_, que ha debido exigir un despliegue de estudio, pensamiento y trabajo muy considerables a su autor, contiene muy abundante material crítico-expositivo acerca de los dos temas en todas sus dimensiones. Espero que este pequeño trabajo mío pueda servir para hacerse más plenamente cargo de todo eso.

¡Muchas gracias, Miguel-Alfonso, por haber escrito este libro!

HORIZONTALIDAD ESTAMENTAL

JOSÉ PÉREZ ADÁN[*]

La economía no es el sistema de producción, distribución, comercio, y consumo de bienes y servicios, pues si lo fuera, la economía sería todo lo social. Así, tomando ese supuesto sistema desde una perspectiva de máximos, nos resultaría muy difícil sustraer de su ámbito las relaciones de poder, es decir la política, en la medida que para algunos el poder público es un servicio que provee bienes. De igual modo, resultaría difícil restar de su competencia la empatía, o incluso la sonrisa, por la misma razón. No es de extrañar, apoyándose en ese entendimiento amplio de la economía, que Gary Becker, en su *Tratado sobre la Familia* (1981), interpretase la realidad familiar como una mutualidad empresarial. No, la economía no puede ser todo eso. Parece, en esta tesitura, de entrada, que deberíamos encontrar un modo de referirnos a la actividad económica que ajuste y, si acaso, reduzca la perspectiva de su competencia y que, al mismo

[*] Universidad Libre Internacional de las Américas. Correspondiente de la Academia Argentina de Ciencias Morales y Políticas

tiempo, emparente en plano de igualdad la ciencia económica con el resto de ciencias sociales.

Al efecto, y por otro lado, no soy partidario de ceñir la actividad económica a lo que ocurre en el mercado mediando intercambio material o su representación dineraria, pues el altruismo, como demostró brillantemente Etzioni, tiene también lugar en el mercado, aunque no exclusivamente, mediante el regalo que ajusta precios y demandas, y es, por tanto, una acción económica. Asimismo, hay que tener en cuenta que no todo intercambio es económico, aunque se hable de *mercado* del arte o del *valor* de la diligencia, presteza y disponibilidad como virtudes humanas. Definir es difícil y, a lo que voy, no siempre es necesario, al menos, de partida.

¿Qué es, pues, la economía? Dejemos la cuestión abierta, no obstante, resaltemos que se trata de una ciencia, o paraciencia, según la crítica aportada por Juan Arnau al método científico en *La fuga de Dios* (2023), que cabría agruparla en el conjunto de lo que llamamos, en general, ciencias sociales. Unas ciencias alejadas de la premonición exacta que busca sin encontrar el método científico, con leyes que se supone que priman sobre el devenir del tiempo. Desde la panacea académica digamos que la economía tiene herencia: en este caso, lo que hacen y han hecho los economistas delimitando lo que han entendido como acciones económicas válidas para su estudio y cotejo. Y, añadamos también, que, no obstante lo dicho, la economía pacta y coordina con otras ciencias: exactas (la matemática), humanas (la filosofía y la psicología) y sociales (la sociología, la política y el derecho) para interpretar y desentrañar su quehacer específico. Estos dos procesos: herencia y pacto, nos parecen importantes para que, en ausencia de una definición constrictora, podamos centrarnos en lo que queremos apuntar aquí.

Ahora vamos a tratar de mirar la economía un poco desde fuera para, guardando la perspectiva de su relación con el resto de ciencias sociales, ver qué objetivos cabe exigir a quienes se dedican a hacerla, tanto desde la academia como desde la gestión protagonista de la acción económica. Más en concreto, nos fijaremos en algún punto concreto de la relación economía/estado, que estudia desde una exhaustiva perspectiva histórica, el trabajo de Miguel Alfonso Martínez-Echevarría (*La Economía, entre la Sociedad y el Estado*, 2022), para sugerir unas consideraciones que nos parecen de interés de cara a la delimitación de competencias entre la economía y otras ciencias.

El marco grande es lo social. Hoy, se dice, todo es social. La naturaleza, como he glosado en otros lugares, es social. Incluso la física cuántica y la relatividad han apuntado de un modo inesperado para quienes antes utilizaron la expresión de física social, el carácter inexacto y dependiente de muchos parámetros físicos que, hasta hace bien poco, se consideraban constantes y fijos. Algo que incluye hasta la misma medición del tiempo. No es de extrañar, pues estamos en una dimensión comprensiva del mundo que subraya un cambio y una complejidad sin parangón en la historia del conocimiento. Uno de esos cambios es el referido a la composición estamental de la sociedad, por llamarlo de alguna manera, sabiendo siempre que la sociedad no tiene partes y que cualquier división es una metáfora que utilizamos sólo con un propósito interpretativo.

El número es trinitario y vamos, con ánimo de minimizar variables, a observar someramente el paso de los tres estamentos del llamado antiguo régimen, a saber: nobleza, clero y pueblo, a otra composición, también triple, que ha sustituido la verticalidad jerárquica antigua por la horizontalidad propia del credo asumido por la modernidad. Ahora lo que contemplamos es lo político, lo mercantil y lo social, es decir: el estado, el mercado y la sociedad civil o comunidad. La clave que desentraña la complejidad de su relación estamental en el contexto de una cultura en proceso acelerado de cambio y complejidad no puede ser, en nuestra opinión, la lucha de unos estamentos con otros para recalcar su poder e independencia y, menos aún, el intento de cualquiera de estos estamentos de consolidar y fijar a perpetuidad su relación con los otros dos, sino, más bien y en la medida en que cualquier proceso y transición debe de entenderse provisorio y temporal, la conjunción de la herencia y el pacto en la proposición de cambios de relación entre sí a mejor.

La imbricación mutua es manifiesta en ambos sentidos entre las tres instancias, que es, al mismo tiempo, variable y contingente, en la medida que el paso de (o por) el tiempo hará que las competencias y capacidades respectivas hayan de amoldarse al transcurso. No hay aquí jerarquías inmutables, sino una horizontalidad sustentada hacia adelante en el pacto y hacia atrás en la herencia, con una perspectiva y misión de equilibrio. Si Martinez-Echevarría estudia los pormenores de la relación estado-mercado y sus implicaciones en la sociedad civil a través de la historia, Víctor Pérez Díaz (*Los Mercados como Conversaciones*, 2021) lo ha hecho entre mercado y sociedad civil, mientras que Amitai Etzioni se ha fijado en la inversa, entre comunidad y mercado (*La Dimensión Moral*, 2007). Tres aportaciones de autores que, si bien pienso que ninguno de ellos daría un cheque en blanco a las opiniones de otro, como tampoco a las mías, sí que creo que, desde ópticas y posiciones diferentes, y sin aspirar a una complementariedad imposible por partir de cosmovisiones diversas, los tres ayudan a entender los términos del debate actual sobre la misión de la economía en el devenir humano, así como la importancia de huir de exactitudes, certezas, y perennidades en el campo de estudio de las ciencias sociales.

Para entrever la posibilidad de un futuro mejor, que es de lo que se trata, en el ejercicio científico son necesarias, en mi opinión, tres precondiciones: en primer lugar, una comprensión certera de la realidad, el dónde, el cuándo, el qué y el con quién de cada uno; en segundo lugar, una aceptación de la propia herencia que conforma mi y nuestro quién, relativo a los ámbitos que consideramos propios; y, en tercer lugar, una disposición de pacto que sea capaz de llegar a acuerdos de carácter más o menos temporal, con quienes estamental o colectivamente no somos uno. La horizontalidad estamental a la que estamos haciendo referencia entre estado, mercado y comunidad, es, como decía Etzioni, el marco en el que opera cualquier equilibrio social justo, al que deben tender las innovaciones técnicas y los cambios que introduzcan las contingencias vitales en el devenir social a través del tiempo.

Dicho lo cual, podemos preguntarnos, ¿en qué contingencias de peso nos encontramos ahora? Para responder hay que hacer referencia, no hay otra, parece, al término que tanto manejan hoy en día los medios de comunicación: la tan manida crisis. Según se percibe, estamos en un perpetuo estado de crisis, medioambiental, sanitaria, identitaria, económica, etc., y no es descabellado pensar que lo seguiremos estando más allá del ahora y por largo tiempo. Ello, puedo añadir, mientras no comprendamos la realidad cambiante en la que, como sociedades, estamos inmersos, y la necesidad de aportar creatividad en forma de pactos, para no hacer sucumbir nuestras herencias y dejar de ser lo que somos: vivos, sanos, libres, o lo que sea que valoremos como intrínsecamente nuestro, como determinante mente humano.

Quería plantear en esta aportación, a modo de ejemplo, la necesaria conveniencia de enfocar con decisión cambios competenciales en las relaciones estamentales para garantizar, al tiempo, el equilibrio entre las mismas (mantener la horizontalidad), y la capacidad de resolución y respuesta frente a los retos que plantea la crisis. Al tiempo, también, con el objetivo de despejar el fantasma de extrapolación exacerbada de la crisis (multicrisis o crisis estructural) y la consiguiente rotura del equilibrio estamental con la que amenaza el avance del neoestatismo, por el que abogan ciertos populismos en los extremos políticos. El neoestatismo propone una afirmación estamental que quiere retrotraer la horizontalidad con la propuesta de la reivindicación de la antigua o una nueva jerarquía verticalista, con el estado en la cúspide. Ello, en mi opinión, no solo perpetuaría la multicrisis sino que, muy probablemente, incrementaría las posibilidades de una disolución social, que podría llegar a ser fatal, total y última, dadas las capacidades de autodestrucción disponibles y los mecanismos de incremento de poder vigentes, tal y como he expuesto en *Sobrepoder* (2017).

Aquí, para asegurar el equilibrio estamental, la cuestión clave es de qué debe ocuparse cada quién sin estorbar ni inmiscuirse desordenadamente en lo que debe hacer otro estamento. En un contexto de cambio acelerado y germinal, idiosincrático, no parece conveniente sentarse a pactar con agendas cerradas y premisas irrenunciables. Aceptamos, sí, la herencia de cada quién, pero abramos el futuro, con ánimo adaptativo y funcional para permitir florecer la trinidad estamentaria de acuerdo a la herencia, y previendo y analizando los retos que la realidad nos presenta con crudeza.

Si hacemos memoria, podemos realizar recuentos más o menos graciosos, de competencias vetustas para cada estamento. Quizá, las más en el estado, como cuando pensamos en los no tan antiguos ministerios de culto, o los monopolios de correos y telégrafos, de tabaco, o de juego, que tienen su *longa manus* todavía hoy en realidades cotidianas en diversos lugares y países. Pero también podemos recordar competencias limitadas o libertades ilimitadas asumidas en tiempos no tan remotos por el mercado o la sociedad civil. Así, para el primero, la sanidad, y para el segundo, la hospitalidad o caridad organizada, y la vigilancia armada, todavía presentes en algunos estados. Qué duda cabe, que la reasignación de competencias estamentales debe de repensarse teniendo en cuenta los retos vigentes, y los ya no vigentes, del presente cara al futuro.

Hay que hacer, no obstante, una puntualización previa sobre la necesidad general de apuntalar el protagonismo necesario de la sociedad civil, de la comunidad, hoy desconsiderada y mermada, en casi todas las sociedades y culturas. Es la pata coja de la mesa que impide que esta sea útil para la sustentación y apoyo. Los niveles de protagonismo, responsabilidad, capacidad y participación de las comunidades humanas han crecido exponencialmente desde que el estado y el mercado se organizaron como los dos ejes principales sobre los que se vertebraba el buen funcionamiento de una sociedad. El avance de la democracia y de los protagonismos sociales que vienen facilitados por las nuevas tecnologías hacen necesario contar con la sociedad civil en ámbitos en los que antes no se contaba. Centrémonos, para ilustrar propositivamente el tema, en considerar la oportunidad de repensar las competencias estamentales en educación y sanidad.

Postulamos que el objetivo de la educación es la desigualdad: dar a cada uno lo suyo a capacidad. Por el contrario, el objetivo de la sanidad es la igualdad: garantizar un trato de alta calidad ante cualquier emergencia sanitaria a toda la población. El primero no lo puede hacer el gobierno pues no tiene sentido que conozca la capacidad de cada uno, no hay modo sencillo de medirla. Sin embargo, desde la sociedad civil, que incluye la familia, las iglesias, las organizaciones voluntarias y el emprendimiento privado, en la medida en que hay pluralidad y elección, la educación en y para la desigualdad a capacidad puede ofertarse de modo satisfactorio y cuasi-personalizado.

El segundo emprendimiento, la sanidad, por otro lado, sí que puede atenderlo el gobierno del estado, es más, es el único que lo puede hacer bien, pues las inversiones económicas necesarias superan la capacidad de cualquier otro estamento para el conjunto de la población. Si queremos que la igualdad esté en el punto de partida para garantizar mayores cotas de justicia social, debe de actuarse aquí con decisión, pues la salud y seguridad de la vida es la primera condición y justificación de la existencia del estado.

Observamos que, no obstante, en países que sufren altos niveles de corrupción y en estados fallidos, los gobiernos optan por lo contrario: manipular las mentes a través de la educación pública con fines clientelistas dedicando a ello gran parte del presupuesto y dejando sin fondos las partidas sanitarias (los muertos no protestan) con atenciones de bajo nivel. Al tiempo se lastra a la sociedad civil con competencias sanitarias imposibles para el conjunto de la población, y se la divide con desigualdades flagrantes entre ricos y pobres, para quienes el derecho a la salud equivaldría a contenidos y aspiraciones totalmente disimilares.

Si queremos más civilidad hay que liberalizar al máximo la gestión educativa (ahora es posible con tecnologías y variantes cuasi-gratuitas, y los diferentes modelos de *homeschooling* o de *homecolleging*). Ello compete fundamentalmente a lo civil, un poquito al mercado y casi nada al gobierno. Al tiempo, si queremos menos desigualdad, hay que comenzar garantizando lo básico: la vida, y esto lo hace la sanidad. Naturalmente, una sanidad que no la garantice no merece tal nombre. Aquí el orden de responsabilidad es al revés, primero al estado, después al mercado y por último a la sociedad civil. Como dice el dictum clásico: *primum vivere deinde philosophare*.

¿Vemos un pacto así, como posible, en algún país para un futuro más o menos próximo? Un servidor es optimista al respecto. Se puede hacer. ¿Lo hará algún estado solo de por sí? Ah, no, eso no lo veo viable. Pero sí que veo previsible que una academia genuinamente libre lo proponga, aconseje, y argumente, y que, por otro lado, una sociedad civil organizada y viva, dotada en una amplia argamasa comunitaria participativa, lo exija con determinación, clarividencia y perseverancia.

Dos apreciaciones: antropología cultural y metafísica

Rafael Gómez Pérez [*]

Soy consciente de que insisto en un tema que he tratado muchas veces y de modo casi continuado desde 2007. Me refiero a que es muy corriente que no se estudie desde la raíz un complejo fenómeno moral como son las distintas formas de individualismo. O, mejor, que se trate de un modo que no acaba de quedar claro.

En este libro se sostiene que el individualismo cobra fuerza sobre todo a partir del Renacimiento, y de modo especial, desde Lutero. Por otro lado, se critican, con razón, aquellos modelos sociales y culturales que suponen el no reconocimiento del individuo.

---

[*] Profesor de Antropología cultural y escritor

RAFAEL GÓMEZ PÉREZ
Desde la antropología cultural, la historia y la metafísica

Mi pregunta es: ¿cómo y desde dónde se aprecia ese individualismo? Pienso que desde una consideración histórica o de antropología cultural. O desde análisis de planteamientos económicos liberales, a partir del siglo XVIII. Mi percepción es que ha habido individualismo (o, mejor, individualismos), desde que existe el ser humano. Aunque no se usara el término, el concepto planearía por alguna parte, cuando, por ejemplo, se contaban las hazañas de gente como César, Atila, Gengis Khan, Federico Barbarroja, Fernando el Católico y todos los que se quiera añadir. No digamos aquel que sentenció: "el Estado soy yo". Por no hablar de "Nos, que somos y valemos tanto como vos, pero juntos más que vos, os hacemos Principal, Rey y Señor entre los iguales, con tal que guardéis nuestros fueros y libertades; y si no, no", algo que debían aceptar, desde la Edad Media, los reyes de Aragón para serlo.

Una obra no muy conocida son las *Memorias* de Babur, un uzbeko del siglo XVI que fundó el reino mogol de Indostán, que duró hasta el siglo XIX. En su período de apogeo comprendía la mayor parte de los territorios actualmente correspondientes a la India, Pakistán y Bangladés, llegando a poseer zonas de Afganistán, Nepal, Bután y este del Irán. Babur cuenta todo en primera persona, consciente de que sus conquistas se debían a su sostenido esfuerzo personal.

Pero si vamos a la raíz de las explicaciones hay que acudir a la metafísica, que es la mirada directa a la realidad tal cual es, más allá de cualquier consideración histórica o antropológico cultural. La metafísica muestra algo tan elemental, pero a la vez básico e insoslayable como esto: en la realidad, humana o no, solo hay individuos. A partir de la realidad estrictamente individual se pueden concebir géneros, especies, familias, corporaciones, personas jurídicas, todo lo que se quiera.

Me parece que eso es pacífico y que no admite réplica. La filosofía lo sabe desde el principio. Sólo los individuos pueden poner acciones: "acciones sunt suppositorum", las acciones son de los sujetos, de las personas, de los individuos. Individuo es el no dividido, átomo; y en el caso del ser humano ese individuo está dotado de libertad. Una "acción colectiva" no tiene un sujeto real, a no ser la suma de acciones individuales en un propósito común, libremente querido.

La libertad, en la raíz de los individualismos

Precisamente del empleo o uso de esa libertad depende cómo puede pensarse el individuo y cómo se comporta: como un átomo desligado de todo, como una simple pieza del conjunto social o como, y esa es también una consideración metafísica, un sujeto que, por ser entitativamente relacional, está llamado a coexistir con los demás individuos. Esto último es lo que aparece, una y otra vez, en el libro. Y coincido, sin matiz alguno.

Siendo eso así, si se tiene en cuenta la libertad, que es individual o no lo es, en un plano moral es conveniente dilucidar los distintos tipos de individualismos. El individuo es siempre relacional, pero las relaciones que puede establecer son muy variadas. Parece bastante obvio que, al menos hoy, si se dice "individualismo", sin más, suena a algo negativo, malo, egoísta. En esto coinciden tirios y troyanos, ateos y creyentes, culto y clero. Si me dicen: "No seas tan individualista", no me están elogiando precisamente. Me están diciendo que voy a lo mío y que me desintereso de las necesidades de los demás. En cambio, ninguna objeción si se defienden los derechos "individuales".

La culpa la tiene la limitación del lenguaje. Suelo citar que un medio socialista y medio anarquista como era Proudhon, distinguía entre "individualismo bueno" e "individualismo malo". No se ha encontrado un nombre para "individualismo bueno" y el término ha cargado con una connotación mala. Podría servir "altruismo", pero sería desde la referencia al otro, cuando no hay por qué perder la referencia a uno mismo.

El individualismo bueno

¿En qué consiste el individualismo bueno? En "que llegues a ser lo que eres" (Píndaro), en "conócete a ti mismo" (oráculo de Delfos), "sapere aude" (Horacio), "ama al prójimo como a ti mismo" (Levítico, Evangelios). En una palabra: en cultivar la propia individualidad que no es sino otro nombre de la personal libertad.

Ayuda a entender esto la lectura de Kierkegaard. Por ejemplo, en *Temor y temblor* escribe: "Hegel se cierra con broche de oro dando la primacía a lo general y, en consecuencia, anteponiendo la ética de lo general a la ética del individuo. La religión se integra dentro del sistema y Dios ya no puede dirigirse al individuo, mucho menos premiarle o castigarle, sino a través de la mediación de lo general". Y en *Migajas filosóficas*: "Desde la perspectiva socrática cada hombre es para sí mismo el centro y el mundo entero se centraliza en él, porque el conocimiento de sí es conocimiento-de-Dios. Así es como lo entendió Sócrates y, en su opinión, así debería comprenderse cada hombre a sí mismo y así tendría que entender su relación con los demás, con permanente humildad e idéntico orgullo". Y en otro lugar de la misma obra: "la libertad consiste en ser sí mismo". "El sentido socrático de que el individuo es ni más ni menos que la medida para sí mismo".

Incluso Nietzsche, en *Cómo se filosofa con un martillo*, aconsejaba esto. "Ayúdate a ti mismo y te ayudará todo el mundo, Principio del amor al prójimo". Y muy bien visto en *Lo que Europa debe al cristianismo*, lo que escribe Dalmacio Negro: "Tras el optimismo de la idea de dignidad humana está el individualismo cristiano. No obstante, es corriente una gran hostilidad por parte de los cristianos en reconocerlo, confundiendo el individualismo cristiano con el colectivista. Para aumentar la confusión, a fin de evitar la palabra individuo o su derivada individualismo, denigrada por el marxismo y sus afines, se está introduciendo el término 'subjetividad social', demasiado abstracto".

De toda esa enumeración, la más radical, en el sentido de ir a la raíz, es ese "ama al prójimo como a ti mismo". Ahí están la caridad, la sociabilidad, la solidaridad, el altruismo… Pero obsérvese que lo previo es "ámate a ti mismo". Si amar es desear el bien y cultivarlo, ha de estar primero en el propio individuo. Esa es la medida.

La condición del amor propio

Sin embargo, "amor a sí mismo" no pierde, en el lenguaje habitual, cierta connotación incluso de narcisismo. De nuevo el lenguaje trae malentendidos: ¿no es eso *amor propio* y por tanto soberbia? La frase "tiene mucho amor propio" puede entenderse, con mala intención, como egoísmo. Pero más claro es: coherencia con lo que piensa y siente y eso lleva a insistir en lo que cree que es lo mejor. Amor propio es pundonor, una palabra que casi está en desuso. O, yendo más al fondo, en palabras de Kierkegaard (en *Migajas filosóficas*): "El hombre vive imperturbable, de pronto se despierta la paradoja del amor propio como amor hacia el otro, hacia lo que le falta; el amor propio se halla en el fondo o va al fondo en todo tipo de amor, por lo cual, si deseamos pensar en una religión de amor, esta, de modo epigramático, podría desear establecer una condición como verdadera y aceptarla como dada: amarse a sí mismo para mandar después amar al prójimo como a sí mismo".

Condenas genéricas

Puede pensarse que, aunque haya un individualismo bueno, es tanta la extensión del malo que tratar de distinguirlos es como querer cortar un pelo en dos. Pienso, en cambio, que la condena genérica del individualismo no solo no afecta (al malo), sino que lo alimenta. Porque el individualismo malo se crece en los ataques: eso es parte de su sustancia.

Atendiendo a lo que está más difundido hoy en la cultura occidental se puede hablar de un "individualismo gregario" o, alargando aún más el oxímoron "un individualismo colectivo", que coexiste tranquilamente con una apología del comunitarismo. La sintaxis es colectiva, pero la semántica es individualista egoísta. Todo sería "social". Tiempo atrás lo era más aún y en todas partes se hablaba de "conciencia social", algo que nunca he entendido porque pensaba que la conciencia es siempre individual. La libertad de la conciencia no quiere decir otra cosa. Quizá "conciencia social" signifique conciencia para tener en cuenta a los demás, especialmente a los más necesitados o con la palabra hoy corriente "vulnerables", cuando en realidad se trata de "vulnerados". Pero ese tener en cuenta es una tarea individual. Cuando se dijo "nadie tiene amor más grande que aquel que da su vida por sus amigos", la vida que se da es la propia, la individual, porque no se tiene otra.

Cambios en el mainstream

En la cultura actual hemos pasado de un mainstream sociologizante a otro psicologizante, como lo demuestra la creciente difusión de los libros de autoayuda. Nunca se han dado tantos consejos para cuidar la salud. Nunca han estado los gimnasios más llenos, en un culto al cuerpo que se convierte casi en una fe. Es la extensión de un individualismo narcisista, algo que aprovechan los regímenes en los que el Estado y los gobiernos, para aumentar su poder, invaden cada vez más el ámbito de la individualidad. Para eso es muy útil jugar con un concepto ambiguo de individualismo. Por un lado, hay una crítica del individualismo por no ser "social". Por otro, se fomenta un individualismo hedonista y utilitario, mientras se silencia el valor del individualismo de la individualidad libre. O, en otras palabras, los ataques a un individualismo genérico sirven de ariete para limitar la libertad personal.

Conclusiones

Se puede pensar que en el ámbito cristiano referirse a la caridad (o, secularmente, a la solidaridad) ya connota un individualismo relacional bueno. Es así, pero con frecuencia esos términos tienen un uso sociologizante, que es mejor camino para que queden en poco o en nada. Lo de "la caridad bien entendida empieza por uno mismo" no es un vulgar refrán. Es otro modo de decir "ama a los demás como a ti mismo". Es profundo asociar caridad y verdad, *Caritas in veritate*, pero igualmente lo es *Caritas in individua libertate*.

A lo mismo se llega desde una teología del don. Y patinando de nuevo sobre lo obvio, hay una profunda verdad, por tautológica que parezca, en lo de "nadie da lo que no tiene". Profunda verdad porque implica que para poder ofrecer dones valiosos hay que esforzarse individualmente por lograrlos.

Resumo: todo lo anterior podría calificarse como un problema de lenguaje en el uso del término "individualismo". Es difícil salirse de lo que Wittgenstein llamaba "los juegos del lenguaje". Sí es posible, en cambio, ir creando otro ámbito de acción y de comportamiento en el que el término "individualismo" no remita automáticamente a "egoísmo". Usar, por ejemplo, individualidad. Es paradójico, es decir, verdad si se profundiza en la expresión, que a mayor individualidad hay mayor posibilidad de que las relaciones entre individuos sean, ahora sí, realmente concordes, cohesionadoras, convivientes, sociales.

Una última comprobación: ¿no es sospechoso que la afirmación "lo social es bueno" reciba un consenso unánime y, a la vez, sigan existiendo injusticias sociales, es decir, injusticias para un número indeterminado de individuos o personas? Precisamente porque el lenguaje lleva a generalizar, el pensamiento y la acción deberían esforzarse en individualizar. La sabiduría humana y divina de Jesucristo así lo hacía. Quizá, del modo más claro, en el final de la parábola del buen samaritano. A quien le pregunta que quién es el prójimo le ofrece el relato de dos personas que no ayudan a alguien en extrema necesidad y de otra que auxilia con delicadeza y generosidad. Concluye: no "que la sociedad haga lo mismo". Sino "haz tú lo mismo". La suma de las acciones de esos "tú" es lo que construye una sociedad digna del ser humano, porque no todas lo son.

EL SENTIDO DE LA ECONOMÍA EN LA HISTORIA

*AGUSTÍN GONZÁLEZ ENCISO**

El título del libro que comentamos ya es bastante expresivo: "La economía entre la sociedad y el Estado" viene a decir, a mi modo de ver que, en la práctica, la economía está condicionada por la realidad social en la que se inscribe y por el poder político. ¿Puede haber una economía solo teórica? Por supuesto que sí y en el libro de Martínez-Echevarría se hace referencia a numerosas corrientes de pensamiento económico. El problema es que la economía real, la que afecta a las personas que viven en sociedad bajo un régimen político determinado, no siempre se ajusta a los dictados de la teoría. Puede suceder que las teorías económicas se queden en el aire y no aterricen en la realidad concreta de los deseos de los agentes; o bien, puede ocurrir que esas teorías tengan una excesiva carga ideológica y de ese modo se alejen de la realidad para crear utopías. Lo que sobre el papel funciona en un modelo puede resultar extraño en la vida real. No porque sea erróneo, necesariamente, sino porque no se ajuste a la realidad vital, que responde a muchos más factores que los considerados en el modelo. La vida es más rica y cambiante. Sus cambios, además, se producen de manera aleatoria en cuanto dependen de las decisiones libres de cada uno de los

---

* Catedrático de Historia Moderna. Universidad de Navarra

agentes que intervienen, que son personas de carne y hueso, no agentes abstractos, un concepto, al fin, en el constructo teórico.

Las teorías y los modelos, del tipo que sean, son referentes útiles para la investigación de aspectos concretos, pero están lejos de abarcar todo el dinamismo que proviene de las decisiones del *homo sapiens*. Sujeto a los parámetros de una teoría, la persona queda reducida a *homo economicus*, que solamente entiende el lenguaje de la racionalidad matematizable. A este respecto, lo que viene a decir el libro de Martínez-Echevarría es que al análisis económico le falta una visión antropológica adecuada, porque la economía no la vive el *homo economicus*, que no existe en realidad, sino un *homo sapiens* que piensa de manera muy variada, que vive en una sociedad compleja y que está gobernado por políticos que también tienen su particular modo de entender a las personas y de influir en su comportamiento. Hay que superar los límites de la racionalidad económica y considerar una racionalidad más amplia. Como señala Benedicto XVI en numerosas ocasiones y, en particular, en *Caritas in veritate*[1], se trata de ampliar la racionalidad. No es que la teoría económica no sirva; todo lo contrario, sirve y mucho, negarlo sería negar el pensamiento; pero hay que hacerla con una visión más ampliada sobre la realidad de la persona y del conjunto social, hay que tomar en consideración los factores menos medibles con números, pero que son sustanciales en las decisiones personales.

Probablemente el factor más olvidado en las consideraciones teóricas es el sentido de la trascendencia humana. Añadir este sentido a cualquier teoría es tener en

---

[1] Benedicto XVI, *Caritas in veritate. Sobre el Desarrollo humano integral en la caridad y en la verdad*, 2009.

consideración los aspectos religiosos y espirituales que afectan a las personas y, como una derivación lógica, las cuestiones éticas y morales fundadas en la fe. No una eticidad puramente pragmática al estilo de "quien no se porta bien sale del mercado", que sería cambiante a voluntad, sino una ética previa a la entrada en el mercado, basada en la consideración de la profunda dignidad de las personas que se apoya, a fin de cuentas, en la realidad de la trascendencia[2]. Este enfoque sí es una ampliación de la racionalidad y un reto a cualquier teoría que busque una adecuada adaptación práctica.

La globalidad histórica y la dignidad de la persona

El libro de Martínez-Echevarría no solo pone de manifiesto los problemas que se derivan de las limitaciones metodológicas aludidas, sino que hace un recorrido histórico de notable interés. El hombre es un ser histórico, es decir, se va realizando en el tiempo, tanto en el tiempo histórico largo -toda la historia- como en el tiempo de su vida personal[3], lo cual implica que cualquier realidad de importancia tiene que ser estudiada de manera histórica. Podríamos llamarlo la "globalidad histórica". La expresión denota la necesidad de tener en consideración toda la historia a la hora de explicar algo en profundidad, al menos los períodos históricos que puedan considerarse más relevantes. Se trata de integrar todos los elementos que cada período histórico haya aportado para la comprensión de un fenómeno actual. En este sentido, el libro de Martínez-Echevarría es un ejemplo sobresaliente de esta globalidad o integración histórica. Globalizar el conocimiento en el sentido interdisciplinar -como también se hace en este libro-, exige globalizar el conocimiento adquirido a

---

[2] Cfr. Juan Pablo II, *Centesimus annus*, 1991, n. 42.

[3] G. Luri, "Cuando digo <yo>", *Nueva Revista*, 186, julio 2023, pp. 14-23; cfr. Idem, *En busca del tiempo en que vivimos*, Bilbao, Deusto, 2023.

lo largo del tiempo, verlo en su conjunto. Si lo hacemos, encontramos los logros de cada momento histórico con sus alcances y sus limitaciones; también la continuidad y las posibles causalidades de los cambios. Entonces podremos apreciar si lo que una vez pareció progreso sigue vigente o se ha olvidado. En cada momento ha habido aportaciones y errores, lo importante es acertar a la hora de discernir qué fue un avance y qué fue un error, o un hallazgo limitado. A veces podemos encontrarnos con que lo que ayer se rechazó resulta de sumo interés en nuestros días.

En todo caso, si no hacemos un ejercicio histórico corremos el riesgo de descubrir el Mediterráneo. Por otro lado, el repaso de la historia nos puede llevar a considerar que hay algo superior, subyacente a todo pensamiento, que los hombres de cada época han estado buscando. Ese elemento supuestamente superior, en el sentido de que supera lo anteriormente recibido, vendría a dar con la clave de todo el constructo económico-social. ¿En qué consiste eso superior que subyace a toda corriente de pensamiento? No es fácil saberlo, pero tiene mucho que ver con un principio de fe en algún pensamiento; un principio que sería fundamental y en lo que se basaría toda la evolución posterior[4]. Podemos darnos cuenta, empero, que a lo largo del tiempo, esos principios en los que se basan las nuevas teorías se han ido alejando de la consideración de la dignidad personal. Se han hecho más abstractos o más técnicos, según los casos, pero menos humanos; más individualistas radicales o más socialistas, pero siempre deshumanizadores en tanto la persona concreta con sus decisiones y su necesaria libertad individual, no comparece. Después de la crisis de la modernidad

---

[4] Sobre la fe de los filósofos en un primer principio fundante del resto de su pensamiento, J.R. Recuero, *Irene o la razón engañosa*, Madrid, Biblioteca Nueva, 1998.

y ante los retos tecnológicos inusitados de nuestros días, observamos que, siguiendo los principios hasta ahora fundantes de la mayoría de los planteamientos teóricos, la dignidad de la persona queda en entredicho. Hay que recuperar, por lo tanto, un pensamiento económico que se base en algún fundamento que permita dejar a la persona en el centro de toda consideración.

Un aspecto importante de esa dignidad que parece haber quedado fuera, es la fraternidad. Tanto el individualismo radical, como el socialismo, aunque desde planteamientos diferentes, han roto los fundamentos de la fraternidad y, por lo tanto, de la dignidad personal. Se habla hoy de desigualdades que hay que superar, de pasar por encima de diferencia de razas, religiones e incluso de fronteras, de alcanzar una globalización que llevaría -ojalá fuera así- a aceptar a todos los países en un mercado mundial en igualdad de condiciones…, pues bien, eso implica recuperar una verdadera fraternidad, considerarnos, de verdad, todos iguales, al menos en cuanto a la aplicación de unas reglas de juego igualitarias. Estamos muy lejos de todo eso; afortunadamente, también hay muchas realidades que han tomado esa dirección si consideramos la importancia que hoy se da a la cooperación, la colaboración, los grandes acuerdos internacionales, etcétera. Ciertamente, la mentalidad social de hoy es mucho más abierta que la de hace cincuenta años, y mucho más que la anterior, eso desde luego; no obstante, sigue pendiente tener que apoyar esa mentalidad no en el pragmatismo o en el sentimentalismo, sino en una razón ampliada que incluya la dignidad de la persona integralmente considerada, incluido su ser trascendente.

Subordinar la economía a la persona

Al pensar en estos comentarios al libro de Martínez-Echevarría me ha venido otra vez a la mente el estudio de André Piettre sobre las "tres edades de la economía", no tanto porque

Martínez-Echevarría siga esa división histórica, sino porque el método que se deriva del trabajo de Piettre ayuda a ver el sentido que ha podido tener la economía respecto a la política y al resto de la sociedad, a lo largo de los siglos, en particular en la historia de Occidente desde la Edad Media[5]. Es precisamente el sentido de la economía lo que también está detrás del libro de Martínez-Echevarría y el análisis de Piettre nos puede ayudar a encontrar lo bueno que olvidamos y a descubrir los errores que se han ido asumiendo, aspectos ambos que se relacionan directamente con el sentido de la economía en cada momento histórico.

Decía A. Piettre que las sociedades nacen en lo sagrado y mueren en el estatismo. Decía esto en 1955, año de la edición francesa de su libro. No sabía hasta dónde había de crecer el Estado, también el Estado liberal, aunque podría imaginarlo porque la experiencia estatalista tenía ya una larga tradición. Tampoco sabía la profundidad que la crisis social de Occidente iba a alcanzar y lo lejos que la cultura cristiana se alejaría de lo sagrado. Parte de esa crisis reside, precisamente, en realidades económicas como el Estado de bienestar, el consumismo o la desigualdad galopante. No debemos olvidar, no obstante, los logros materiales y técnicos que le debemos a la economía que disfrutamos, pero hemos de reconocer que esos logros se han conseguido a la vez que, al eliminar lo sagrado, se ha caído en materialismos de diversos géneros, así como en una entrega, casi sin condiciones, a las exigencias de un Estado que fagocita buena parte de los esfuerzos sociales y de los recursos financieros, vía impuestos

---

[5] A. Piettre, *Las tres edades de la economía*, Madrid, Rialp, 1962. Piettre hace tres estudios, uno para Grecia, otro para Roma y el tercero para Europa occidental desde la Edad Media. Aquí nos referiremos solamente a la tercera parte.

exagerados y al margen del respeto a la subsidiariedad más elemental.

Piettre resumía la historia económica de Occidente -más bien, el sentido de la economía en esa historia-, en tres grandes etapas, de ahí el título de su ensayo: la economía subordinada, la economía independiente y dominante, y la economía dirigida. En la primera etapa (época medieval, y moderna, hasta el siglo XVIII), la economía estaba subordinada a principios religiosos (la primacía moral de la Iglesia), sociales (la economía señorial como organizadora de los principales recursos) y profesionales (la economía cualitativa y reglamentista de los gremios y corporaciones de artesanos y comerciantes)[6]. La segunda fase supone la emancipación de esos principios para buscar la libertad y alcanzar un dominio sobre la sociedad, y la tercera presenta el recurso al dirigismo estatal para evitar la crisis social que el predominio ha producido. En definitiva, superar los condicionamientos menos económicos para lograr la libertad, llevó a un predominio economicista que provocó una fuerte crisis social y moral por lo que fue necesario acabar recurriendo al Estado que ahora lo dirige todo.

La subordinación de la primera etapa consistía en el reconocimiento de valores superiores a la propia economía -morales, de orden social, profesionales- a los cuales el beneficio económico debería someterse para el buen funcionamiento de la sociedad, que se identificaba con el bien común. Conviene valorar este período porque su orden económico es el que permitió a Europa salir del marasmo que produjo la caída del Imperio Romano e ir ascendiendo poco a poco hasta convertirse en la zona económicamente más avanzada del mundo (lo que no había

---

[6] A. Piettre, *Las tres edades*, Parte Tercera, Título I.

sido antes) y ponerse a las puertas de la Revolución Industrial[7]. Era una economía menos libre que la posterior, pero que garantizaba la defensa del consumidor y de los más pobres en una época de falta de información y de notable inseguridad. También un espíritu económico que, como señaló Sombart[8], ponía la vida por delante de otros objetivos.

El espíritu de subordinación fue perdiéndose lentamente, sobre todo en los siglos XVII y XVIII, merced a nuevos elementos como los descubrimientos geográficos y el desarrollo del colonialismo, el cambio cultural del Renacimiento, la revolución religiosa del protestantismo y el crecimiento del poder de las Monarquías autoritarias, el Estado Moderno, que llevó también al desarrollo de grandes conflictos bélicos que exigieron recursos ingentes[9]. La respuesta de los agentes económicos fue buscar más libertad, porque ciertamente se necesitaba, pero se hizo a cambio de alejarse de los elementos subordinantes anteriores[10]. Por otra parte, el Estado tendió a controlar -directamente o mediante subvenciones de diverso tipo- una parte importante de la actividad económica, sobre todo la que proporcionaba mayores

---

[7] K. Gunnar Person, "Markets and coercion in medieval Europe", en Larry Neal and Jeffrey G. Williamson, editors, *The Cambridge History of Capitalism. Volume I. The Rise of Capitalism From Ancient Origins to 1848*, Cambridge, Cambridge University Press, 2014, p. 225.

[8] W. Sombart, *El burgués*, Madrid, Alianza, 1972, capítulo 2.

[9] Un panorama actualizado de estos conocidos fenómenos históricos en L. Ribot, *La Edad Moderna (siglos XV-XVIII)*, Madrid, Marcial Pons, 2016, Segunda parte.

[10] A. González Enciso, *El nacimiento del capitalismo en Europa*, Pamplona, Ediciones Eunate, 2011, Capítulo 4.

recursos, a la vez que incrementaba exponencialmente la carga fiscal[11].

Se llegó así al apogeo de una "economía monárquica", como dice Piettre[12], que es, en realidad, lo que llamamos mercantilismo. El mercantilismo dio un paso de gigante para cambiar el fundamento de la economía subordinada -Iglesia, nobleza, gremios- a la preeminencia del rey; no obstante, todavía en el siglo XVIII subsistía el orden estamental que garantizaba la preeminencia de las instituciones tradicionales. Pero a finales de ese siglo se producirían cambios revolucionarios, como consecuencia de la deriva que las cosas estaban teniendo. Tanto la Revolución Francesa, como la Revolución Industrial inglesa, no surgen de la nada, sino que se van anunciando durante largo tiempo[13]. Ambas tuvieron consecuencias muy variadas, algunas positivas porque, en general, abrieron el camino del cambio tecnológico y de la libertad social, política y económica que muchos reclamaban, pero también tuvieron consecuencias negativas: la fundamental es que, a partir de entonces, el "nuevo régimen", como oposición a lo que los coetáneos llamaron Antiguo Régimen, se organizó completamente al margen de los principios subordinantes anteriores: la Iglesia quedaba al margen del orden social y la moral pasaba a ser una convención social: a Dios se le relegaba a la conciencia individual; la nobleza perdió todos sus privilegios con la desaparición del régimen señorial y las nuevas élites lo serían de origen burgués, mercantil y

---

[11] P.K. O'Brien, "The formation of states and transitions to modern economies: England, Europe and Asia compared, en Larry Neal and Jeffrey G. Williamson, editors, *The Cambridge History of Capitalism. Volume I. The Rise of Capitalism From Ancient Origins to 1848*, Cambridge, Cambridge University Press, 2014, pp. 357 y ss.

[12] A. Piettre, *Las tres edades*, p. 249.

[13] R. Torres Sánchez, S. Solbes Ferri y M. Díaz-Ordóñez, *Historia económica mundial*, Pamplona, Ediciones Eunate, 2018, Capítulo 2.

financiero en particular. Los gremios quedaban abolidos y el régimen político pasó a ser constitucional, con lo que suponía de la rebaja del poder del rey frente a las otras instancias estatales: el gobierno, el parlamento y la justicia. Todos estos cambios se fueron implementando a lo largo del siglo XIX en Occidente.

En ese nuevo ámbito la economía, al decir de Piettre, pasa a ser una "economía independiente y dominante"[14]. No solamente ha abandonado la subordinación a principios superiores y se ha convertido en una actividad independiente -la libertad del primer liberalismo- sino que pasa a ser dominante. Dominante porque los recursos económicos pasaron a ser el elemento ordenador de la sociedad. Es la sociedad de clases, frente a la sociedad estamental o corporativa. El prestigio social se ordena según la riqueza; los ricos eligen a los representantes del parlamento (sufragio censitario) y solo estos, de hecho, consiguen una educación superior que les permita el acceso a la magistratura. En definitiva, se ha sustituido una clase rica, privilegiada según un derecho tradicional objetivo, y noble, por otra más rica, sin privilegios jurídicos y no noble. Pero la nueva élite, si no era privilegiada *de jure*, lo era *de facto* por el predominio económico que imponía sobre los demás. Con ese poder, esta nueva élite de notables controlaba tanto el parlamento como la justicia y, por ello, ejercía un control directo sobre los gobiernos que, además, necesitaban recursos económicos aún mayores, ahora también para encargarse de muchas actividades que antes hacían la Iglesia o los nobles, como la educación en todos los niveles, las obras públicas locales o la asistencia social.

El paso de la economía subordinada a la economía dominante se produjo durante un largo período durante el cual

---

[14] A. Piettre, *Las tres edades*, p. 261.

se fue cambiando la sustentación de los principios económicos, como se refleja no solamente en las teorías que surgieron en esos años, sino en la práctica misma de la actividad económica. La primacía de la riqueza, la visión cuantitativa y matemática o el enfoque sociológico más o menos abstracto[15], fueron dejando al margen la consideración de la economía como una actividad al servicio de la república en el sentido genérico de la palabra. Sobre todo desde el siglo XIX, la economía está al servicio del rey y de los poderosos que con su actividad sirven al rey en todos los ámbitos y reciben sus prebendas, ya que no privilegios jurídicos objetivables. El rey con su legislación cambiante, marcará la pauta no solo de lo que es legal, sino de lo que se considera ético por responder a la legalidad vigente[16].

La desaparición del Antiguo Régimen no solo supuso el olvido de unos privilegios que ciertamente habían quedado obsoletos, sino la desaparición del fundamento que había presidido el orden estamental y corporativo que dio origen a esos privilegios: la consideración de la funcionalidad social de aquella forma de división del trabajo, y la búsqueda del bien común en beneficio de todos los miembros de la república. Estaba bien suprimir los privilegios que ya no servían, pero al hacerlo, los legisladores se olvidaron realmente de la función que cumplían los privilegios y del bien común; este último se fue identificando, cada vez más, con los intereses del rey. La conocida frase de Luis XIV, *l'État c'est moi*, la pronunciara o no, resume ya el

---

[15] W. Deringer, *Calculated Values. Finance, Politics, and the Quantitative Age*, Cambridge, Mass., Harvard University Press, 2018.

[16] A. González Enciso, "Los comerciantes, el desarrollo del Estado y la comprensión del bien común en la Edad Moderna", en J.L. García Ruiz y J.M. Ortiz Villajos, editores, *Ensayos de historia y pensamiento económicos en homenaje al Prof. Juan Hernández Andreu*, Madrid, Delta, 2015, pp. 27-46.

proceso bastante antes de que alcance su zénit. Más tarde se entenderá que los súbditos tienen que ser "útiles" al servicio del rey. He entrecomillado el término "útiles" porque es el que usaron los escritores de la Ilustración. De la figura del vasallo con sus derechos -oficio y beneficio, obligaciones recíprocas basadas en derechos anteriores y en la consideración de un bien común negociado-, se pasó a la preeminencia del súbdito, es decir, subordinado a los intereses marcados por el monarca, luego por el Estado, que se erigen en garantes de un bien común por ellos definido y dirigido. En el proceso por el que se pasa de campesino a ciudadano durante el siglo XIX[17], el vasallo va perdiendo sus derechos para convertirse en ciudadano sometido al poder de la mayoría y de la riqueza, un nuevo paternalismo que, en realidad, inauguró una época de diferente desigualdad. Con muchas ventajas materiales, pero también con todas sus consecuencias negativas.

La economía ya claramente dominante en el siglo XIX produjo una crisis social de un calado enorme. La época del industrialismo sometió a una situación de miseria a masas de proletarios y de campesinos ahora desarraigados[18]. El éxodo urbano vino a conformar el orden de las nuevas ciudades en las que se diferenció con claridad la diferencia entre el centro burgués y las periferias obreras. La ruptura social estaba consumada. Si salimos de Occidente, esa ruptura se produjo en las tierras dominadas por las grandes potencias europeas, o por Norteamérica, merced al nuevo sentido imperialista y extractor de materias primas que se dio al colonialismo,

---

[17] E. Weber, *Peasants into Frenchmen: The Modernization of Rural France, 1870-1914*, Stanford, Stanford University Press, 1976.

[18] El proceso se retrata muy bien, aunque novelado, en la famosa obra de R. Llewellyn, *How Green Was My Valley*, de1939, luego llevada al cine.

antes más impregnado de espíritu civilizador[19]. El libre cambio era para unos pocos, para los demás solo quedaba la sumisión a las condiciones impuestas por los primeros.

Todo esto viene a decir que el liberalismo económico que se desarrolla en el siglo XIX está falto, por decirlo suavemente, de consideraciones sociales, no tiene en cuenta las consecuencias sociales y personales que se derivan de ese modo de alcanzar la riqueza. Otros, como la Iglesia, seguirían intentando paliar las consecuencias de los errores[20], pero mientras tanto, se consumaba una enorme ruptura social. En definitiva, la economía dominante produjo una fuerte crisis espiritual, social y económica[21]. ¿Cómo se intentó resolver esa crisis? Por el recurso al Estado. No podía ser de otro modo porque, como ya hemos visto, el avance del poder del rey y la progresiva identificación del capitalismo con el Estado, ya desde antes del siglo XVIII[22], no hizo sino marcar una tendencia que no apuntaba sino a crecer, como seguimos viendo en nuestros días. El poder del Estado es lo que Piettre llamó la "economía dirigida" y este dominio se manifiesta, según nos parece, en que los fines y medios de la economía no responden a las necesidades reales de las personas, sino a las directrices de una política cada vez más mezclada con los grandes intereses económicos. La persona y sus necesidades han desaparecido y, por ende, su dignidad se encuentra atacada. Ya no estamos ni siquiera en el *homo economicus*, que al fin y al cabo, viene definido por sus intereses económicos; ahora, en realidad estamos ante un mecanismo político que ni

---

[19] A. Porter, *European Imperialism, 1860-1914*, Londres, Macmillan, 1994.

[20] J. Andrés-Gallego, *Pensamiento y acción social de la Iglesia en España*, Madrid, Espasa Calpe, 1984.

[21] A. Piettre, *Las tres edades*, pp. 295 y ss.

[22] F. Braudel, *La dinámica del capitalismo*, Madrid, Alianza, 1985.

siquiera el mismo Estado puede controlar[23], que va inundando todos los aspectos de la vida, ahora hasta la intimidad personal y familiar merced a las posibilidades de las nuevas tecnologías, y que reduce el hombre a una total subordinación oculta bajo la capas de supuestas políticas sociales y económicas progresistas. Parece que nadie se pregunta hacia dónde progresamos.

Aunque el esquema de Piettre pueda parecer demasiado sencillo -quizás no lo es tanto como lo he presentado-, resulta útil porque nos marca los principales puntos de inflexión y las razones profundas de los cambios. Podría resumirse diciendo que la búsqueda de la libertad ha producido el error de basar la acción humana en una huida de las normas religiosas y prepolíticas, de ignorar que estas, ayudan a la libertad, aunque exigen autocontrol y respeto a los demás. Al suprimir o dejar al margen las instituciones garantes de esas normas, suponiendo que así se ganaba en libertad, la acción económica se ha tenido que apoyar en el Estado o la ley estricta, sin reparar en que estos instrumentos exigen un fundamento. Pero el fundamento (¿por qué y para qué el Estado?) es lo que se ha ido perdiendo; sin él sobreviene la degradación del sentido de la función política y económica. Hoy se habla de crisis de la economía, de la política, de la democracia..., en realidad, se trata de la crisis del concepto de la persona: ¿quién es el hombre?, ¿cuáles son sus características y sus necesidades? Sin respuesta adecuada a esas preguntas la crisis social seguirá campando por sus respetos. Piettre terminaba de manera esperanzada abogando por una nueva economía "subordinada", una economía "a la medida del hombre" que incluyera la renovación familiar, el

---

[23] A. Piettre, *Las tres edades*, p. 315.

renacimiento de la ciudad, un nuevo estilo público y la recuperación del sentimiento de lo sagrado[24]. Lo dijo hace 68 años.

La economía como sustituto de la política

A estas alturas queda claro por qué he recordado a Piettre. En el fondo, lo que se deduce de su ensayo es lo mismo que dice ahora, de manera diferente y, en cualquier caso actualizada, Martínez-Echevarría. Dice este autor que el tema de su libro son las reflexiones en torno a cómo surgiría, en el siglo XVI, "el nacimiento del concepto moderno del Estado y de la economía"[25]. Ese concepto, dice de manera original, vendría "de un modo negativo de entender la política, consecuencia de la antropología pesimista de Lutero y de Calvino" y en última instancia, de la noción voluntarista de ley planteada por la filosofía nominalista[26]. De ahí surgieron unos supuestos epistemológicos "que llevaron a dar una estructura sistémica y mecanicista a la economía". Esto tiene que ver, insiste el autor a continuación, "con el modo de establecer la separación entre la religión y la política"[27].

Martínez-Echevarría se centra en las transformaciones de los conceptos que relacionan lo antropológico, con lo económico lo político y lo religioso. Acertadamente, se remonta hasta los fundamentos nominalistas del fenómeno y se sitúa, de

---

[24] A. Piettre, *Las tres edades*, pp. 368 y ss.

[25] M.A. Martínez-Echevarría, *La economía entre la sociedad y el Estado*, Pamplona, EUNSA, 2022, pp. 10-11.

[26] Idem, p. 11. Sobre la importancia del nominalismo y su influencia posterior, L. Polo, *Claves del nominalismo y del idealismo*, Cuadernos de Anuario Filosófico. Serie Universitaria, Pamplona, Servicio de Publicaciones de la Universidad de Navarra, 1991.

[27] Ambas citas en Martínez-Echevarría, *La economía*, p. 11.

alguna manera, en la misma clave explicativa que Piettre. Con sus matices, se puede deducir de ambos autores que el final de la subordinación de la economía medieval en busca de una mayor libertad -proceso que tiene lugar tanto en la economía, como en la filosofía, en la política o en la religión, y que se ha llamado, *lato sensu*, Renacimiento-, se consiguió mediante la aceptación de un concepto de libertad equivocado. Desde una perspectiva fuertemente antropocéntrica -frente al supuesto teocentrismo anterior-, se acentuaron en exceso los aspectos no trascendentes de la persona, entre ellos la necesidad de un beneficio económico individual. Por esa vía, la economía no solamente se liberó de las subordinaciones, sino que, por su eminente utilidad, pasó a ser dominante. La utilidad del beneficio que proporciona la actividad económica tiene un fundamento en su racionalidad. Frente a las dudas que el mundo de la primera modernidad adujo respecto a determinadas formas autoritarias y poco libres de organizar la política y la religión, la racionalidad económica, señala Martínez-Echevarría, sería el "sustituto moderno" de la arbitrariedad y la corrupción propias de la política y, añadimos nosotros, del subjetivismo religioso que entró de la mano del protestantismo.

Para explicar la deriva de esas realidades, Martínez-Echevarría hace un impresionante esfuerzo con el que trata de integrar los principales elementos filosóficos, políticos, culturales y religiosos con el pensamiento económico que dominó en cada momento. En los primeros capítulos se exponen las principales realidades de la Antigüedad greco-romana y de la Europa medieval. El análisis resalta el contexto cultural de la economía en el que esta se entiende como soporte de las estructuras sociales del momento: la economía al servicio de una sociedad y de un poder político cuando la riqueza -y a su vez la subsistencia de las poblaciones- dependía, casi exclusivamente del control de la tierra. Llegado el siglo XVI, el autor opta por una metodología expositiva que avanza cronológicamente a la vez que se van intercalando -a veces solapándose-, los grandes temas del cambio en la primera modernidad: la Reforma protestante, el Estado Moderno y la sociedad civil, el racionalismo, la Revolución… para finalmente, entrar a fondo en el laberinto de la Época Contemporánea a partir de Kant y Hegel. Es el mismo proceso, ya mencionado, durante el cual tanto el pensamiento como la acción en los diferentes campos de la vida se van alejando progresivamente del fundamento cristiano hasta que, como diría Rodríguez Casado[28], triunfa la "filosofía de la fuerza", en la que ya no cabe ninguna posibilidad de pensar en el bien común. El resultado es un crescendo de problematicidad por la dispersión ideológica y de principios fundantes. En esa variedad cultural que se presenta como una multiplicidad de verdades, la economía se va consolidando como la única razón objetiva y a la vez práctica. Se presenta como algo tan objetivo como las matemáticas; a la vez es un saber práctico, útil y apetecible, porque proporciona dinero y recursos necesarios.

El enorme esfuerzo de análisis teórico que se hace en el libro, comparado con la realidad histórica, nos ofrece un panorama dual. Por una parte, son innegables los avances materiales, el crecimiento, el aumento de la riqueza, la transformación tecnológica. Los defensores del capitalismo radical se apoyan en esa realidad para argumentar que todo está bien y que los efectos colaterales son imprescindibles. El único enemigo sería, para ellos, el socialismo, que limita la libertad y, por lo tanto, el crecimiento. Esto último es, además, una realidad probada por los hechos: sin libertad -incluido el correspondiente derecho a la propiedad-, no hay motivación, no hay crecimiento. Los logros del Estado no dejan de ser efímeros si no se apoyan en una

---

[28] V. Rodríguez Casado, *Orígenes del capitalismo y del socialismo contemporáneo*, Madrid, Espasa Calpe, 1981.

sociedad fuerte y libre, al menos económicamente, algo que parece que los chinos han entendido mejor que lo hizo la Rusia soviética, por ello han ampliado la base social de sus actividades capitalistas[29].

Pero junto a esos avances innegables, que se han producido en todas las épocas desde la Edad Media europea, han ido aumentando los problemas sociales y personales, se descubren nuevas limitaciones, falsas previsiones; se pierde la noción de la finalidad de la economía, fuera de un pragmatismo consumista sin sentido, a la vez que aumentan las desigualdades, no solo dentro de los mismos países más ricos, sino, sobre todo, entre los países ricos y los más pobres. Unos van emergiendo, muy despacio, podríamos añadir, si tenemos en cuenta las posibilidades técnicas de hoy, mientras otros siguen estancados en una pobreza lacerante. Es decir, el crecimiento no solamente no ha resuelto la crisis humanitaria, sobre todo si lo miramos a escala mundial y no simplemente europea[30], sino que parece que desde determinadas perspectivas económicas no existe voluntariedad de hacerlo porque según algunas perspectivas utópicas, la igualación la hará "el mercado"; o bien, según otros, no hay solución, porque el mercado siempre va a estar dominado por las grandes compañías -aliadas con los respectivos intereses políticos-, de modo que la libertad siempre quedará en entredicho[31].

---

[29] Torres Sánchez *et al.*, *Historia económica*, p. 153.

[30] Al respecto pueden verse algunos fragmentos del papa Francisco en *Fratelli tutti*, 2020, por ejemplo, nn. 167, 169, 196, por citar algunos.

[31] Cfr. J. Andrés-Gallego, *La doctrina social de la Iglesia*, Sekotia, Córdoba, 2023, p. 42.

Del desajuste creciente a la antropología que falta

Llegados aquí se asienta la impresión de que los asuntos económicos no se pueden resolver desde una perspectiva exclusivamente económica. La realidad es que todos los aspectos sociales están entrelazados, como bien se demuestra en el libro que suscita estos comentarios; además, la economía está en relación estrecha con la política, que es cambiante por naturaleza. Como dice Martínez-Echevarría, "lo propio de la economía, en cuanto inseparable de la política, es estar siempre en crisis" tratando de superar sus inevitables desajustes[32]. Esto viene a decirnos que no hay una línea recta de política económica -o de teoría económica aplicable-, de organización económica incluso, que tenga todas las garantías de aplicarse con éxito a largo plazo. Siempre habrá aciertos y limitaciones; es más, los aciertos lo serán solamente por un tiempo, porque las circunstancias cambiarán y lo que ayer mismo era adecuado hoy ya no lo es. ¿Hasta qué punto tiene que intervenir el Estado?, por poner un ejemplo generalista. Pues depende. Donde se intervino más luego habrá que liberar y lo contrario en el otro caso. Toda política económica tiene límites temporales[33].

Así, la economía está sujeta al desajuste. Los teóricos aceptan sin ambages que el mercado falla, es decir, que las previsiones teóricas tienen un alto porcentaje de incertidumbre. A veces parece que se trata más bien de utopías. La realidad no es que el mercado falle. El mercado no puede fallar porque no es más que un concepto. Lo que falla es la suposición que se hace sobre

---

[32] Martínez-Echevarría, *La economía*, p. 16.

[33] Al respecto es muy significativo el texto de N. Wapshott, *Keynes vs. Hayek. El choque que definió la economía moderna*, Bilbao, Deusto, 2013, donde al considerar a qué autor seguir, queda claro que las grandes decisiones de política económica no se pueden mantener mucho tiempo porque cambian las circunstancias, entre otras cosas.

el funcionamiento de ese concepto en la realidad. El mercado son personas libres cuyas decisiones pueden cambiar -o no-, según muchas circunstancias influyentes. Eso quiere decir que la economía no debería basarse en unos modelos teóricos rígidos, a los que el comportamiento de las personas debe ajustarse (y luego descubrir que el mercado falla porque las personas actuaron de otro modo), sino que debería partir, más bien, de una concepción real de las personas en cuanto agentes económicos; agentes, sí, pero personas ante todo.

De ahí la importancia de considerar los fundamentos antropológicos de la economía y de las teorías económicas. No vamos a hacerlo aquí, claro está, pero pongo énfasis en ello porque en el libro de Martínez-Echevarría lo que resalta es que, sin una adecuada antropología como fundamento, las soluciones económicas que sean provocarán desajustes cada vez mayores, como se ha puesto de manifiesto en la última crisis financiera. El progresivo alejamiento de un verdadero humanismo no solo produce crisis económicas -desajustes y fallos del mercado que son errores humanos nada abstractos- sino, lo que es peor, el empobrecimiento de muchas capas de población. Aun disfrutando servicios mejores en muchos casos -comunicaciones, transportes, acceso fácil a tecnologías increíbles- la mayor parte de los ciudadanos malvive con sueldos bajos que no les permiten tener una familia, ni siquiera con dos sueldos porque el precio de la vivienda y de los productos básicos va creciendo cada vez más. Si, como se suele decir, nuestros hijos serán los primeros en generaciones que van a vivir -están ya viviendo- peor que sus padres, ¿dónde está el progreso? La crisis de la democracia, asunto tan relevante en nuestros días, con todas sus manifestaciones, es la consecuencia de un desencanto generalizado de personas que viven justas, no pueden tener hijos -tampoco los quieren en muchos casos, fruto del pesimismo de fondo- y, en cambio, tienen la seguridad que les produce el Estado: educación pública -cada vez peor-, sanidad pública -con enormes problemas organizativos- y pensiones de jubilación amenazadas en una sociedad donde quienes las reciben aumentan más deprisa que quienes las subvencionan con sus cotizaciones. A ello se añade la confusión ideológica de hoy.

¿Es una visión pesimista que contrasta con los bienes que hoy disfrutamos? Es posible que tenga un punto de pesimismo, pero es real, sobre todo si ampliamos nuestra mirada al mundo con sus miserias y guerras. Una vez más los economistas dirán que qué culpa tiene la economía de todo esto. Ciertamente las crisis generalizadas son sistémicas y no son achacables a un solo factor. Pero la economía es un factor muy importante en nuestra época y, de no gestionarse bien, puede añadir leña al fuego. No se está gestionando bien. Vuelven hoy las mismas costumbres que generaron la crisis de 2007 -si es que esta ha terminado alguna vez- y sigue aumentando el poder del Estado y de las grandes corporaciones multinacionales. No hay más que darse un paseo por las calles de nuestras ciudades para ver qué comercios dominan o atisbar cuáles son los intereses dominantes. Se necesitaría que todos los planteamientos políticos e intelectuales se replantearan el concepto de persona que late en los fundamentos de sus respectivos principios fundantes para ver hasta qué punto se desvían de un ideal de humanismo integral. Como es lógico, también hay que pedírselo a la economía, que es de lo que en este ensayo se trata. En la época de la interdisciplinariedad y de la globalidad, clamar por la autonomía de una ciencia -que es lo que hacen los economistas cuando se hace una llamada al humanismo: esto no es lo mío, dicen- es sencillamente una posición negligente. El libro que comentamos es una fuerte llamada a salir de ese pensamiento estancado entre sus límites, plantear la economía de una manera diferente y dejar, como decía un amigo, de "formalizar el egoísmo".

El libro de Martínez-Echevarría no tiene un capítulo de conclusiones, pero sí un último apartado que lleva un título significativo: "Sociedad política y libertad". La sociedad es política por naturaleza porque debe organizarse de algún modo, y eso es política. El apartado es una llamada a tener en consideración la sociedad civil, que no puede ser ahogada por el exceso de gobierno. Tanto en economía como en política, la libertad es necesaria. Pero no cualquier libertad, sino la libertad que permite a las personas hacer el bien, una libertad para hacer el bien[34], no la libertad de simple libre albedrío que actúa a capricho. Pero para hacer el bien hay que saber qué es; por ejemplo, tiene que haber un concepto claro de bien común que, en última instancia, incluye un concepto adecuado de persona que lleva a un conocimiento antropológico integrador de todas las personas y de todas las facetas que definen una persona.

Tampoco ese conocimiento será definitivo, porque no paramos de descubrir realidades que nos amplían cada vez más nuestros horizontes, por eso Martínez-Echevarría señala que "se hace necesario recuperar la perfectibilidad humana, descubrir su condición de persona, reconocer que los hombres no somos creadores de la verdad, sino que andamos en su búsqueda"[35]. Hacia el final de su ensayo, después del amplio recorrido que había hecho, Piettre afirmaba "que la economía *no basta al hombre*", y citaba, a continuación, a Keynes: "El autor -decía el economista de sí mismo- espera que después de relegado el problema económico al segundo plano al que pertenece, el ámbito de nuestro corazón y de nuestro cerebro será ocupado por los problemas verdaderos de la vida y de las relaciones humanas, de la creación, de la

---

[34] A. Llano, *Cultura y pasión*, Pamplona, EUNSA, 2007, p. 50.

[35] Martínez-Echevarría, *La economía*, p. 535.

moral y de la religión"[36]. Hoy no hay que esperar a resolver los problemas económicos para luego relegarlos a un segundo plano y dedicarnos a lo importante, sino que más bien tenemos que saber arreglar los problemas económicos de modo integrador, poner todo lo importante al mismo nivel: si no hay una economía humana, no arreglaremos la economía. La economía, como ciencia práctica que sirve a las personas, debe estar integrada en la antropología y en la moral. Eso es una manera de ampliar la racionalidad.

A modo de conclusión

La degradación social se ve mejor en el largo plazo. Por eso, en cuanto historiador, me parece relevante destacar cómo Martínez-Echevarría manifiesta la importancia de la perspectiva histórica, el planteamiento a largo plazo y la búsqueda de las razones de las cosas en momentos históricos alejados. Como él mismo señala, hace ese recorrido para "entender más adecuadamente cuál era el ambiente religioso y político de la Europa del siglo XVI en el que surgirá la idea moderna de la economía... que resulta clave para entender la pretendida sustitución de la política por el modo mecanicista de entender la economía"[37]. Es decir, que las razones de que surja ese modo "mecanicista" de entender la economía, que sigue imperando en nuestros días, se están gestando ya en el siglo XVI, por eso, para entender el problema, es necesario retrotraerse en el tiempo. Si se quieren entender los problemas de fondo de la economía actual hay que situarse en el cambio de paradigma de la primera modernidad.

Desde entonces, la economía se preocupó de crear riqueza, pero a cualquier precio, suponiendo que su contribución al bien

---

[36] Piettre, *Las tres edades*, p. 373. Subrayado del autor.

[37] Martínez-Echevarría, *La economía*, p. 12.

común era precisamente eso. Puede que sea así, pero el método de conseguirlo no fue inofensivo. También desde entonces, el método se alimentó de la secularización de la ciencia que, como señala Benedicto XVI[38], fue alejando el pensamiento de toda preocupación trascendente. Por eso se llegó a decir que había que pensar *etsi Deus non daretur*, como si Dios no existiera, según la conocida sentencia de Grocio. De ese modo, se produjo el abandono de la visión trascendente, de la visión humanista, de las tutelas que hemos mencionado y la economía pasó a ser el centro de la vida política: lo hizo entonces y lo sigue haciendo cada vez más, hoy. Es el predominio del método que Martínez-Echevarría llama mecanicista porque, en efecto, cuando la preocupación real por la persona desaparece, triunfa solamente la búsqueda del beneficio que, en realidad, es un cálculo matemático: el triunfo de lo cuantitativo ya en la primera modernidad.

Por lo tanto, afrontar los problemas de fondo de la economía de hoy exigiría salir del paradigma dominante, verlo desde fuera y señalar sus defectos originarios. Por eso, las últimas páginas del libro que comentamos se dirigen a llamar la atención sobre un problema antropológico, que está en el fondo del pensamiento y de la acción económicos. Mientras no se resuelva ese problema originario, la economía seguirá creando riqueza a costa del humanismo, a costa de las personas a las que proporcionará mucho bienestar material, pero también un profundo malestar sicológico y moral, además de crear nuevas pobrezas. Una vía de solución es la que también propuso Benedicto XVI cuando nos alentó a trabajar con una metodología cristiana, diferente a la del

---

[38] Benedicto XVI, *Spe salvi*.

paradigma dominante, es decir, vivir "como si Dios existiera"[39]. Ese es el único método de superar el antihumanismo de muchos planteamientos científicos y económicos de hoy, plantear que las necesidades humanas incluyen la trascendencia.

No hay problema en tenerlo en cuenta, todo lo contrario. Cabe recordar que el cristianismo fundamentó la cultura que trajo al mundo el progreso técnico, económico y humano que disfrutamos hoy, y que la sociedad cristiana empezó a influir en el mundo precisamente hacia el final de la Edad Media. Ciertamente la historia tiene sus lados oscuros, también dentro de las sociedades cristianas, pero eso no puede borrar el hecho incontrovertible de que el progreso ha venido a través del cristianismo, mejor o peor interpretado por sus fieles. También muchos males, cuando el fundamento se ha olvidado. No obstante, es precisamente hoy, cuando parece que la cultura cristiana palidece, cuando asoman las costumbres bárbaras de un nuevo paganismo que parecía superado y con ellas el triunfo de una economía deshumanizadora y alienante.

Antes hablábamos de que no era fácil encontrar soluciones a las grandes decisiones económicas, más técnicas que otra cosa. Si vamos al fondo, la receta está clara: renovar una visión antropológica integral, trabajar interdisciplinarmente, buscar la fraternidad y, como dice Martínez-Echevarría, vivir la amistad. Si hay amistad, la búsqueda de la verdad se puede hacer en armonía. Pero, ¿existe la verdad? Como señala nuestro autor, es preciso "intentar restablecer el valor absoluto de la persona por encima del Estado", y de la economía. Sigue el autor: "ello no implica imponer una concepción teórica de la verdad, sino

---

[39] J. Ratzinger/Benedicto XVI, *Vivir como si Dios existiera. Una propuesta para Europa*, textos editados por Ricardo Calleja Rovira, Madrid, Encuentro, 2023.

reconocer y respetar la verdad que se encierra en cada persona"[40]. Ese reconocimiento es difícil de conseguir, pero es la guía más concreta.

---

[40] Martínez-Echevarría, *La economía*, p. 535.

EL SENTIDO DEL TRABAJO EN LA OBRA DE MIGUEL ALFONSO MARTÍNEZ-ECHEVARRÍA: UNA INTRODUCCIÓN A SU LEGADO ACADÉMICO

GERMÁN SCALZO[*]

"Repensar el trabajo es, por tanto, una tarea inacabable, propia de cada hombre, y de toda la humanidad. Entender lo que sea el trabajo es lo mismo que entender el sentido de la vida humana. Por eso la pregunta por el trabajo es inevitable, y de alguna manera la respuesta nunca será definitiva, y siempre permanecerá abierta"[1].

Introducción

La reciente y tan esperada publicación del nuevo libro de Miguel Alfonso Martínez-Echevarría es motivo de gozo para la comunidad académica, pues, de alguna manera, condensa los principales aportes de su legado. Digo "de alguna manera",

---

[*] Doctor en Gobierno y Cultura de las Organizaciones, Universidad de Navarra. Profesor Investigador Universidad Panamericana, México

[1] M.A. Martínez-Echevarría, *Repensar el trabajo*. EIUNSA, Pamplona 2004, p. 10.

porque no creo que sea posible resumir en un libro –por más denso y extenso que éste sea– un pensamiento tan rico y profundo, fruto de varias décadas de trabajo constante y vocacional. Doctor en Física Teórica, el profesor Martínez Echevarría ha demostrado a lo largo de su carrera profesional un notable esfuerzo por integrar en una narrativa unitaria numerosas disciplinas como la historia, la antropología, la ética, el derecho, la política o la filosofía, en diálogo con la teoría económica y empresarial, mostrando además una clara evolución que se recoge, aunque no culmina, en su último libro. Y la razón por la cual este libro no puede acabar su proyecto es porque la actividad intelectual que lo sustenta subsiste –incluso con una penetración cada vez mayor– en su persona, que es el verdadero don.

Conocí a Miguel Alfonso en el año 2007 gracias al máster en Gobierno y Cultura de las Organizaciones, en el seno del Instituto Empresa y Humanismo de la Universidad de Navarra. Al año siguiente comencé mi tesis doctoral bajo su dirección y tuve la enorme fortuna de acompañarlo en su labor académica hasta el momento de su jubilación, en el año 2014. Desde entonces, he tenido ocasión de seguir cada uno de los avances que se fueron recogiendo en los numerosos borradores que antecedieron a este libro. A pesar de la gran amplitud y diversidad temática que caracterizan a una obra tan ambiciosa como ésta, me atrevo a afirmar que el interés último es la pregunta por el sentido del trabajo humano. En lo que sigue, abordaré lo que, a mi juicio, son las principales claves conceptuales que ofrece el profesor Martínez Echevarría para responder a esta pregunta. Por la influencia, indirecta pero central, que la Doctrina Social de la Iglesia ha tenido en la carrera de Miguel Alfonso, he elegido a las virtudes teologales para estructurar mi capítulo, como símbolo de que, sin apertura a la trascendencia, el trabajo no puede alcanzar su sentido pleno.

Trabajar desde la fe

La primera etapa en la evolución del pensamiento del profesor Martínez Echevarría se caracteriza por un esfuerzo enciclopédico por dar cuenta de las principales teorías de pensamiento económico que se sucedieron a lo largo de la historia del mundo occidental. Dado el estatus epistemológico que tenía la teoría económica a comienzos de los ´80, quizá haya sido su formación "dura" –en física y matemática, disciplinas que marcaron arquetípicamente el inicio y evolución de la teoría económica[2]– lo que le convirtió en el candidato idóneo para introducir los fundamentos básicos de esta disciplina a estudiantes de periodismo y derecho en la Universidad de Navarra, hasta la fundación de la Facultad de Económicas en el año 1987, de la que fue su primer decano. Ya en ese primer esfuerzo por "adentrarse" en la disciplina se evidencia la amplitud que caracterizaría toda su obra, y que se presenta en su *Evolución del Pensamiento Económico* (1983).

El interés principal de Miguel Alfonso durante esa etapa está abocado a encontrar una narrativa unitaria para explicar la racionalidad económica a través de los principales intentos teóricos que se sucedieron a lo largo de los siglos para car cuenta de esta actividad. Esta minuciosa revisión de los distintos autores y tradiciones del pensamiento económico pondría de manifiesto las patentes limitaciones de la racionalidad económica, sembrando la semilla del proyecto intelectual que daría unidad y sentido a toda su carrera universitaria. Con esta intuición –de sustituir el concepto de individuo por el de persona– culmina su discurso de ingreso a la Real Academia de Ciencias Económicas

---

[2] Ver: "La economía política como filosofía de la historia", en *Actas del III Congreso de Historia de Navarra*, Publicaciones del Gobierno de Navarra, Pamplona 1998 y "Cuando las matemáticas suplantan a la economía", *Cuadernos Empresa y Humanismo*, n° 125, Pamplona 2014, respectivamente.

y Financieras de Barcelona, a principios de los ′90[3]: "llegamos así al núcleo de la racionalidad que surge del concepto de persona: el hombre tiene un fin que no se da a sí mismo y que no le es patente, sino que descubre a través de su propio obrar. La pregunta por el sentido de la propia existencia es el inicio y fundamento de toda racionalidad"[4].

En efecto, recuperar la noción de persona es fundamental, no sólo para el proyecto de ampliación de la racionalidad económica, sino de modo especial para una comprensión cabal de la economía en cuanto actividad humana. Dado que las cuestiones prácticas −como la economía, el derecho o la política− se apoyan en una determinada antropología, cualquier aproximación teórica a las mismas debe partir de la pregunta sobre quién es el hombre[5]. La introducción de la noción de persona añade una gran riqueza a la definición de trabajo: quien trabaja no es un agente abstracto, sino una persona concreta −toda ella− que tiene conciencia no sólo

---

[3] Los escritos de esta etapa dan cuenta de este interés, además de la influencia de AEDOS en esta ampliación epistemológica: "Capitalismo y secularidad" en *Estudios sobre la encíclica "Centesimus Annus"*, AEDOS Unión Editorial, Madrid 1992, 351-365; "Estatuto epistemológico de la teoría económica", en Actas del XII simposio internacional de Teología: *Doctrina social de la Iglesia y realidad socio-económica (En el centenario de la "Rerum Novarum")*, Facultad de Teología de la Universidad de Navarra, Pamplona 1991, 449-473; "Individualismo Metodológico y Solidaridad", en *Estudios sobre la encíclica "Sollicitudo rei socialis"*, AEDOS Unión Editorial, Madrid 1990; "Eficacia y Equidad. Individuo y Sociedad", *Valores* n° 19, Buenos Aires 1990, 3-13.

[4] "La metodología neoclásica y el análisis económico del derecho". *Discurso de ingreso en la Real Academia de Ciencias Económicas y Financieras*, Publicaciones de la Academia, Barcelona 1991.

[5] Ver "Una antropología para el agente económico" en *Estudios de Teoría Económica y antropología*, R. Rubio de Urquía et al. (eds.), Unión Editorial, Madrid 2005, 513-533.

de lo que hace, sino por qué y para quién lo hace, lo cual equivale a decir que el trabajo es también vocación. En el trabajo participa toda la persona, y su valor ético está vinculado precisamente a que quien lo lleva a cabo es una persona.

Ciertamente la noción de que el ser humano es persona se desvela con el cristianismo, aunque no es necesario hacer teología para fundamentar las diversas disciplinas en esta realidad antropológica. Es posible acercarse metodológicamente, desde cada disciplina, a las implicaciones teóricas y prácticas que se derivan del hecho de que el hombre no tiene una perfección natural, sino que está llamado a destinarse a un fin que no puede alcanzar con sus propias fuerzas. En otras palabras, que la razón última por la que cada hombre tiene que trabajar trasciende cualquier comprensión utilitaria o instrumental que pueda derivar de una antropología reduccionista para afirmar que –por ser persona– lo que da sentido a su vida no se explica desde dentro de su naturaleza.

Me atrevo a arriesgar que todos los cursos del profesor Martínez-Echevarría, así como una enorme cantidad de sus escritos, comienzan poniendo de manifiesto esta realidad, al comparar al hombre con los animales para explicar por qué el hombre es el único ser que trabaja, y qué significa tener una economía. Desde sus mismos orígenes, el cristianismo había entendido el trabajo como un rasgo propio del hombre orientado al logro del bien común, que permite su mejora personal y la de los demás, lo cual le deja naturalmente abierto a la gracia, de modo que las "buenas obras" que se despliegan en el servicio a los otros –incluso en el entramado de servicios recíprocos de la economía– no son irrelevantes, pues son camino de santidad.

Aunque pareciera que con esta "economía de salvación" se abandona el ámbito propio que corresponde a la teoría económica, en realidad, la disciplina como tal se ordena en un horizonte de sentido que la reconfigura, superando la ficción

moderna de su autonomía. Más aún, en el caso de esta disciplina, el asunto adquiere una relevancia especial, pues la
génesis de la antropología subyacente a la economía política
puede rastrearse hasta el siglo XIII, concretamente a la etapa
histórica que se inaugura con las propuestas nominalistas
que comienzan a gestar una nueva concepción del hombre,
cuyo eje rector será su comprensión como un ser *necesitante*.
Así, las claves conceptuales sobre las que construirá el proyecto de la economía política ya se encuentran presentes en
el nuevo modo de comprender a Dios, al hombre y a la naturaleza desde el individualismo ontológico que sostiene el
nominalismo, y que tendrá una gran influencia en el pensamiento protestante, que permea conceptualmente la evolución del pensamiento económico hasta nuestros días.

Aunque con variantes, las distintas doctrinas protestantes, al afirmar que la naturaleza humana está radicalmente
corrompida por el pecado, niegan el mérito o valor salvífico
de las buenas obras, y, por tanto, la posibilidad de que el
trabajo pueda ser fuente de santificación, pues desaparece
cualquier posibilidad de libre colaboración entre la naturaleza y la gracia. De este modo el trabajo no solo queda separado de la gracia, sino que se acota también el horizonte de
la ética, pues la perfección moral a la que el hombre está
llamado queda vedada al destinarse a un fin intramundano.
Gracias a este proceso de progresiva "racionalización" –tal
como describe la sociología de Max Weber[6]– la racionalidad,
en su momento apoteósico, queda como encerrada en una
"jaula de hierro" que le impide realizarse, justificando la actitud propia del capitalismo, pues, "si las obras no tienen
ningún mérito, por lo menos que sirvan para hacer dinero,

---

[6] Ver M.A. Martínez Echevarría y G. Scalzo, "El sentido del trabajo
en Max Weber", en Mª. Aparecida Ferrari (ed.) *Prospettive sul lavoro*,
EDUSC, Pontificia Università della Santa Croce, Roma 2018, 165-184.

«ya que no podemos santificarnos, por lo menos, hagámonos ricos»"[7].

Así, *trabajar desde la fe* es una invitación a superar la encrucijada en que acabó el "ensimismamiento" de la racionalidad moderna tras el avance de la sospecha antropológica heredada del protestantismo y recuperar el sentido pleno de la acción humana. Para ello, es necesario "sustituir el modelo epistemológico –el de la verdad pensada– por el modelo antropológico –el de la verdad vivida– que es lo más radical de la persona, (...) la apertura a la verdad. La concepción de la verdad como camino abierto a una perfección humana (...) supone recuperar las virtudes, que no es otra cosa que ganancia en la libertad personal, algo que sólo se logra prestando atención a la verdad que se esconde en la realidad de las cosas, pero de modo especial en el misterio de cada persona"[8].

Trabajar con esperanza

Para dar plenitud al sentido al trabajo, no solo conviene superar su dimensión meramente productiva para dar paso a su valor subjetivo o simbólico, sino que se requiere también de la esperanza. Trabajar es un modo de esperar, de poner por obra las facultades más poderosas de la persona humana para organizar la vida en común, lo cual requiere tiempo y esfuerzo. Sin embargo, contrariamente a lo que ha entendido el hombre moderno, lo más característico del trabajo no es el esfuerzo –símbolo, por cierto, de una especie de "castigo divino"– sino la apertura al don, sin la cual el mismo trabajo carece de sentido y

---

[7] "Repensando el trabajo", en *Familias con dos sueldos y tres trabajos, Seminario permanente sobre conciliación de la vida laboral, familiar y personal,* C. Montoro y D. López (eds.), Universidad de Navarra, Pamplona 2011, 9-23.

[8] *La economía entre la sociedad y el Estado,* EUNSA, Pamplona 2022, pg. 536.

se hace tedioso e insoportable. Frente a una mentalidad autosuficiente, calculadora, convencida de que el esfuerzo es el precio para alcanzar lo que vale la pena, el cristianismo nos recuerda que lo verdaderamente bueno y bello generalmente es un don, un regalo, una gracia inmerecida. La vida propiamente humana es la de apertura y servicio, la de darse en entrega y acogida de las necesidades de los otros en medio de las tareas que a cada uno le toca desempeñar en la sociedad y cooperar libremente, a través de esa entrega, con el plan divino para la humanidad.

La centralidad del trabajo en la obra de Miguel Alfonso además de un sentido figurado (por su relevancia) tiene otro más palpable: *Repensar el trabajo* y *Dirigir empresas: de la teoría a la realidad,* vieron la luz en 2004 y 2005, respectivamente, es decir, prácticamente a mitad de camino de su recorrido intelectual. Aunque escritos para públicos diversos y en registros diferentes –el primero, con carácter más divulgativo; y, el segundo, más académico– estos libros obedecen a un mismo interés: la recuperación de la acción humana, como reza uno de los subtítulos de *Repensar el trabajo:* "La vuelta de la empresa y el trabajo"[9]. Se observa en esta etapa la influencia del Instituto Empresa y Humanismo, proyecto que Miguel Alfonso impulsó desde su fundación. Los ensayos sobre teoría empresarial que vieron la luz en su seno, y que se recogen en *Dirigir la empresa*[10], apuntan a una superación de

---

[9] *Repensar el trabajo* (2004), pg. 133.

[10] "Los Orígenes de la Teoría de la empresa", *Cuadernos Empresa y Humanismo,* nº 88, Pamplona 2003); "Visiones racionalistas y románticas de la empresa", *Cuadernos Empresa y Humanismo,* nº 87, Pamplona 2002); "Teorías de la empresa y crisis de la modernidad", *Cuadernos Empresa y Humanismo,* nº 83, Pamplona 2001); "La empresa entre el psicologismo y el conductismo", *Cuadernos Empresa y Humanismo,* nº 81, Pamplona 2001);

la visión reduccionista de la empresa que se había forjado desde la teoría económica moderna, como una especie de artificio utilitario donde se organiza la producción[11].

Esta visión materialista del trabajo, como una actividad destinada a superar las exigencias de la supervivencia, es la esencia de la esclavitud, pues no permite reconocer aquellos bienes –personales y comunes– que, en el contexto de la propia biografía, son precisamente los que dotan al trabajo de sentido, convirtiéndolo en una forma de reflexión intransferible acerca de la propia vocación en el servicio a los demás. Abandonar la mentalidad tecnicista[12] a la que conduce esta forma de enfocar el trabajo –como una actividad meramente poiética– implica trascender el principio del resultado[13] para alcanzar el sentido más profundo de la libertad humana, que proviene del don que es cada persona[14]. En un plano más directo, supone recuperar la practicidad de la acción humana *real* –no pensada–, para lo cual hay que abandonar el individualismo metodológico economicista para reconocer que la libertad humana se realiza en el seno de una tarea en común, es decir, en comunidad. Para superar la abstracción racional del agente económico moderno

---

"Hacia una nueva teoría de la empresa", *Cuadernos Empresa y Humanismo*, n° 79, Pamplona 2000.

[11] La división del trabajo en los orígenes de la economía, en *Más allá de la división del trabajo*, A. González Enciso (ed.), EUNSA, Pamplona 2007, 29-36.

[12] "Mentalidad tecnicista", en R. Rubio de Urquía y J.J. Pérez-Soba (eds.), *La doctrina social de la Iglesia. Estudios a la luz de Caritas in Veritate*, Biblioteca de Autores Cristianos, Madrid 2014.

[13] "Economía y producción en el pensamiento de Leonardo Polo", en J. García González (coord.), *Comentarios al pensamiento de Polo sobre economía*, Bubok, Madrid 2015.

[14] "Don y desarrollo, bases de la economía", *Scripta Theologica*, vol. 42, (2010), 121-138.

que desvirtuó la naturaleza de la actividad empresarial, convirtiéndola en una teoría o una técnica, es preciso aceptar que, en cuanto saber prudencial, la acción no puede definirse *a priori*, sino que requiere la siempre renovada tarea de la realización de la verdad práctica, la constituida por el entorno de las personas con las que día a día se trabaja en común.

En cuanto comunidad, la empresa no sólo busca la organización de un plexo medial cada vez más complejo en aras de un mayor bienestar, sino la mejora de las personas que la conforman, fuente última de toda riqueza. Así, el trabajo se convierte en expresión de una amistad "que consiste en la donación desinteresada de uno mismo, donde lo que se pretende es compartir el bien trascendente de la propia persona"[15]. Realizar la verdad práctica, hacer el bien posible, "aquí y ahora", es "ampliar la libertad de los amigos" para mejorar además el bienestar de todos. Trabajar con esperanza es abrirse a los demás, a las otras personas, apuntar más allá de las cosas y del dinero, para potenciar la libertad y la participación de todos en la construcción de un orden que no puede ser definitivo porque siempre permanece abierto[16].

Trabajar por amor

Como ha quedado ya de manifiesto, es patente la presencia del humanismo cristiano en el pensamiento del profesor Martínez Echevarría, como notable ha sido su evolución a lo largo de los años, hasta alcanzar la madurez y profundidad que encontramos en *La Economía entre la Sociedad y el Estado*. No es de extrañar, por tanto, que en esa evolución

---

[15] *Repensar el trabajo* (2004), pg. 151.

[16] *La economía entre la sociedad y el Estado* (2022).

haya influido su participación en la comunidad de AEDOS, cuya primera contribución data del año 1990[17]. Proveniente de las "ciencias duras", sus primeros escritos en el ámbito de las ciencias sociales muestran una noción de persona más cercana al ámbito de la ética o el derecho (son recurrentes sus menciones a los diálogos que mantenía con el jurista Álvaro D'Ors), como se puede observar, a modo de ejemplo, en la noción esencialista de persona que aparece en su primera contribución de corte humanista: "en la realización del trabajo el hombre pone de manifiesto su condición de persona «ser libre, dinámico, y naturalmente responsable de su acción»"[18]. Sin embargo, como ya he adelantado, en su discurso de ingreso a la Academia se vislumbra la génesis de su proyecto académico: "la racionalidad propiamente hablando sólo puede predicarse de la persona, e indirectamente de la acción". Aunque dicho proyecto quedaría apenas bosquejado, dado que la respuesta que podría ofrecer en ese momento seguiría muy ligada al plano esencial de la naturaleza humana (como la capacidad del agente de dar razón de sus acciones), con el tiempo —quizá por la influencia del filósofo Leonardo Polo— se iría acercando a la dimensión estrictamente personal, en torno a la idea de que lo más radical de la persona es ser "don".

Es curioso que, de entre el centenar de artículos que conforman la obra del profesor Martínez Echevarría, el término "don" —que está presente explícita e implícitamente en prácticamente todas sus publicaciones desde entonces— solo apareciera en el título de apenas uno de ellos: "Don y desarrollo: bases de la economía", inmediatamente después de la publicación de

---

[17] "Individualismo Metodológico y Solidaridad", en *Estudios sobre la encíclica "Sollicitudo rei socialis"*, AEDOS Unión Editorial, Madrid 1990.

[18] "En el XXV Aniversario de la encíclica Mater et Magistra", *Scripta Theologica*, Pamplona 1986, vol. 18, 891-903.

Caritas in veritate. Cabe mencionar que *caritas* es la traducción latina de *kharis,* el término griego para designar al don (representado en las tres gracias o *kharités,* un símbolo cultural de la Grecia clásica que aparece, por ejemplo, en los tratados de Hesíodo, Aristóteles y Séneca). En efecto, la interpretación cristiana de la "lógica del don" –que recibió un gran impulso académico tras la publicación de esta encíclica– presenta una estrecha relación con el amor –categoría central de la teología católica– al considerar a la persona como un amor creado y proponer la caridad como un orden social superior al de la justicia, resaltando que es la reciprocidad lo que genera riqueza y abundancia, es decir, verdadero progreso.

La economía, la empresa, y los temas prácticos en general adquieren una gran amplitud y hondura cuando se enfocan desde la dimensión donal de la persona humana. "Se ha olvidado que si el hombre produce es porque es capaz de encontrarse con la verdad sin desconcertarse, que es la fuente de su libertad. Si no fuera así, si el hombre fuera causa de lo que produce, solo daría lugar a lo que ya estaba dentro de él, sin posibilidad de la novedad. Si el hombre fuera como el dios de Aristóteles –pensamiento que se piensa a sí mismo–, al igual que ese dios, tampoco produciría nada. Sin embargo, el hombre es persona, apertura a la verdad, al Dios que lo ha creado"[19]. Trabajar es un modo de reconocer la dependencia de Dios, de descubrir la condición de don que tiene nuestra vida junto con todas sus capacidades. Si el hombre es capaz de amar es porque ha sido amado primero, y en el trabajo se reconoce el modo de darse a los demás, de

---

[19] Prólogo a "Economía y empresa a la luz del don", *Cuadernos Empresa y Humanismo,* n° 139, Pamplona 2021, 11.

poder corresponder al amor creador. Trabajar es, por tanto, un modo de amar[20].

El reconocimiento de la condición personal permite superar la fractura griega entre *praxis* y *poiesis*[21], que está en la base de la escición moderna del trabajo en diseño y ejecución[22], y que es causa de no pocos problemas al momento de justificar el sentido del trabajo productivo. Lo propio de la persona es ser apertura y coexistencia, don y entrega, tener conciencia de vivir con otros y para otros. Desde este nuevo enfoque, "la producción es lo propio de la riqueza intrínseca del acto de ser personal, manifestación del libre destinarse humano"[23]; en otras palabras, el hombre –por ser persona– no trabaja porque es un ser "necesitante", sino por ser "donante", porque puede contribuir libremente a la mejora de las personas, fuente última de toda riqueza. Así, la categoría más propia de la economía no es la escasez sino la "sobreabundancia" que surge de la capacidad creativa –de donación– de los hombres para fundar relaciones interpersonales de mutuo enriquecimiento en la búsqueda de un fin común. "En su intento de liberar al hombre de toda dependencia, la Ilustración quiso presentar el trabajo como tarea solitaria e individual, sin considerar que todo el "querer hacer" de una persona, queda sin sentido si no hay nadie que lo espere y lo acepte, que lo entienda y le dé sentido"[24]. Si se rechaza la condición de persona, el hombre "se cierra" sobre sí mismo y

---

[20] *Repensar el trabajo* (2004), pg. 148.

[21] "Técnica y crematística en Aristóteles". *Revista Empresa y Humanismo*, 14/2 (2011).

[22] "Gobierno y División del Trabajo", *Revista Empresa y Humanismo*, Vol. 1, N° 1/99, Pamplona 1999, 91-129.

[23] Prólogo a "Economía y empresa a la luz del don", 7.

[24] "Organizar el tiempo humano: Trabajo, política y gobierno", *Studia Poliana*, 22, (2020), 195-220.

se convierte en un agente egoísta que se relaciona con los demás a través de intercambios en función de unos supuestos intereses que, por haber perdido su verdadero sentido, se vuelven autorreferenciales. Esta abstracción –que está en la base de la antropología que sustenta la teoría económica moderna– no es más que una ficción que niega la condición humana de vulnerabilidad y dependencia mutua, dando lugar a "un modelo de economía y sociedad compuesto de individuos adultos y autosuficientes, que no pueden ser débiles, ni ignorantes, ni enfermos, que nunca necesitan ayuda, que parece que no necesitan que nadie les enseñe y les aconseje"[25].

No debe resultar extraño que este modo de relacionarse haya permeado en la institución universitaria, donde parece estar desapareciendo la figura del maestro. Personalmente, no puedo estar más agradecido por haber tenido uno, pero especialmente, de que haya sido Miguel Alfonso. Su trabajo ha sido "productivo", pero no por la extensión o amplitud de la inmensa obra que nos lega –por el camino que nos ha trazado–, sino especialmente porque su búsqueda paciente, perseverante y comprometida –que afortunadamente, aún continúa– ha influido de modo personal en la vida de muchas personas y ha sido además testimonio de la fidelidad a su propia vocación. No se me ocurre mejor manera de rendir homenaje al maestro que acoger con humildad y gratitud su legado, que, por ser don, está destinado a seguir dando frutos.

---

[25] "Trabajo y racionalidad económica", en *Dar razón de la esperanza: Homenaje al Prof. Dr. José Luis Illanes*, Servicio de Publicaciones de la Universidad de Navarra, Pamplona 2004, 611-623.

LA HISTORIA PARALELA DE LOS ÚLTIMOS DOS MILENIOS

José Andrés-Gallego[*]

Lo primero que llama positivamente la atención de este libro de Miguel Alfonso Martínez-Echevarría es la interdisciplinariedad, que, además, se muestra en dos facies distintas: comenzó por su formación como físico teórico y especialista en estadística, que, por este camino, llegó posiblemente a la teoría económica al mismo tiempo en que recibía una sólida formación humanística; la segunda es fruto de los frecuentes diálogos con profesores de economía y empresarios y su solicitud de asesoramiento a juristas, filósofos y teólogos que formaban parte del mismo claustro al que él pertenecía y, por tanto, le eran particularmente asequibles.

No me cabe la menor duda de que eso se podría ampliar a la incorporación de otros saberes. Siempre puede ampliarse; pero debo decir que solo echo en falta la perspectiva de los historiadores y que, probablemente, esto no es más que una deformación profesional.

---

[*] Catedrático emérito (extraordinario) de Historia contemporánea en la Universidad CEU San Pablo, Madrid

El marco general del libro se asienta en la interrelación que hay entre economía y política, concretadas en dos instituciones principales: el mercado y el "Estado". Esa interrelación presupone sin duda la comprensión más amplia que pueda darse a cada uno de esos saberes (la economía y la política); aunque, dada la condición de la obra -en el fondo, una historia de la gestación de los principios que rigen el orden económico actual- el grado mayor de ampliación lo requiere el concepto de economía. Miguel Alfonso Martínez-Echevarría no aborda este problema, que los economistas tampoco suelen abordar o lo hacen sobre la base que supone considerarla como el arte de producir y distribuir recursos escasos. Sí hallamos en el libro una definición de la vida económica y no del saber llamado "economía", allí donde se lee que el funcionamiento de la economía no era para Keynes el resultado de "la elección racional entre bienes escasos" (pg. 419)[1].

La mayoría de quienes tratan de esas cosas repiten que se trata de recursos escasos y, en algún lugar del volumen que comentamos, se sugiere algo importante, que ya se encuentra en algunos de los filósofos griegos de la era precristiana[2], y es que esa escasez no se sigue de las materias primas

---

[1] Por ejemplo, A. Baly Gil *et al.*, "La economía de la salud, la eficiencia y el costo de oportunidad": *Revista cubana de medicina general integral*, xvii, núm. 4 (2001) 395 (ref. 16759). Es más interesante observar la definición que, tácitamene, subyace en las que estudian V. Rizos *et al.*, "The circular economy: A review of denititions, procesess and impacts": *Research report*, núm. 8 (2007) 1-40 (ref. 16757) y, remontándose a los orígenes, las que subyacen asimismo, sin explicitarlas, en T.R. Malthus: *Definitions in political economy*, Londres, John Murray, 1827, books.google (ref. 16758).

[2] *Vid.* N. Xanos: *Out of paradise: An essay on scarcity*, Ann Arbor, University Microfilms International, 1984; W.J. Booth, "Pandora's jar: Scarcity and the standard of living in classical Greek economic theory": *European Journal of Sociology / Archives Européennes de Sociologie*, xxxv, núm. 2

y las transformaciones a que son sometidas para trocarlas en recursos cada vez más diversos; lo que suscita sobre todo la escasez es el deseo de tener más de lo necesario; "la incontinencia" (p. 33, *cfr.* 197), dice Miguel Alfonso Martínez-Echevarría. Y eso es fundamental porque remite casi explícitamente a la importancia de "educar el deseo"; una preocupación de los educadores[3] que Benedicto XVI incorporó a la doctrina social[4]. Supone por lo pronto que todos somos responsables de que haya muchos que carecen de lo imprescindible, y eso precisamente por lo desordenado del deseo de los demás.

Si, entre lo imprescindible, o sea entre las necesidades vitales, se cuenta todo lo que media entre las puramente imprescindibles para sobrevivir y la "vida interior", cuyo carácter de necesidad humana -yo diría vital- fue advertido también por Benedicto XVI, se entenderá mejor el alcance de la demanda de educar el deseo[5]. Implica, entre otras cosas, la definición de la economía; porque, si hay que contar con la vida interior como necesidad al plantearse el quchacer económico[6], se confirma la

---

(1994) 173-198; A. Caillé, "La pauvreté des riches": *ibidem,* xxxvi, núm. 1 (1995) 161-167 (ref. 16756).

[3] *Vid.* R. Cuesta Fernández, "La educación histórica del deseo: La didáctica de la crítica y el futuro del viaje a Fedicaria": *Con-Ciencia social,* núm. 3 (1999) 70-97 (16751); R. Cuesta *et al.,* "Didáctica crítica: Allí donde se encuentran la necesidad y el deseo": *ibidem,* núm. 9 (2005) 17-54 (ref. 16753); de varios autores, *Desire and human flourishing: Perspectives from positive psychology, moral education and virtue ethics,* ed. Magdalena Bosch, Cham, Springer, 2020 (ref. 16755); S. Gallardo González y C. María Chivite Cebolla, "Educar el corazón humano desde la realidad: Consideraciones desde la antropología": *Quién: Revista de filosofía personalista,* núm. 13 (2021) 49-72 (ref. 16752).

[4] En *Caritas in veritate,* §19, vatican.va.

[5] En este sentido, F. Conesa, "El deseo de Dios en el corazón humano": *Facies Domini,* núm. 7 (2015) 13-34 (ref. 16754).

[6] También en *Caritas in veritate,* §76.

idea de que es económico todo aquello que sirve a alguien para algo, y eso supone que lo abarca todo, por prosaico o sublime que sea, y todo es, por lo mismo, objeto la práctica económica[7].

Algunos se apresuran a poner la condición de que se trate de recursos que se compren y se vendan por dinero; pero eso excluye una porción enorme de la "economía real" y no puede satisfacer. No se cae en la cuenta -acaso- de que, al cabo, los "recursos" de que se habla en aquella definición de economía lo son precisamente porque "sirven" (a alguien para algo) y eso es constitutivo de la idea de "recurso".

A nadie se le escapa la trascendencia de esta acotación, que, entre otras cosas, abunda en la imposibilidad, de que se habla en el libro, de convertir la economía en una ciencia cuasinatural y cuantitativa, a abordar con las matemáticas. Lo que supone la manera de definir la economía que he propuesto recién es superar el economicismo por su estrechez. Si es económico todo aquello que sirve de algo a alguien, o sea que es recurso por crear y ofrecer, se ve más claramente que la economía es inseparable de la imprevisibilidad, y eso porque es el ámbito de la libertad humana (para bien y para mal), incluso en sus relaciones con Dios.

*

Eso por lo que atañe a la economía. Por su parte, por política se entiende en principio lo que concierne al gobierno de la comunidad y también se debe ampliar al máximo para entender mejor la perspectiva del libro. Hay que dejar claro, en concreto, lo que afirmaba Aristóteles sobre la conversión de la comunidad en "polis", y es que se

---

[7] Desarrollo algo más esto último y su relación con el deseo en *La doctrina social de la Iglesia*, Córdoba, Sekotia (Almuzara), 2023, pgs. 275-292.

constituye como tal cuando se dota de autoridad -de alguien que mande-; no vale esa idea tan difundida de que la comunidad se hace política y, después -por más que sea inmediatamente-, se reconoce la autoridad de alguien. Es este reconocimiento el que la constituye como "polis", o sea como comunidad que diríamos "completa" (aunque no sea ese reconocimiento lo único que la hace "completa"[8]).

El matiz diferenciador es muy importante y ayudaría a respaldar lo que ya indican algunos de los demás contribuyentes a estas páginas, que es la ausencia, del libro que glosamos, de la teoría económica y política de la Segunda Escolástica y, en concreto, la línea que comenzó con Azpilcueta y Francisco de Vitoria y quedó yugulada a finales del siglo XVI y principios del XVII, de manera especialmente clara con la requisa inquisitorial de la obra *De regnorum iustitia* de Juan Roa Dávila en 1591[9]. Roa había apurado la idea germinal de aquellos dos primeros[10]. Azpilcueta y Vitoria advertían que la delegación de la autoridad en

---

[8] *Vid.* el amplio comentario de D. Alejandro Herrera a *"Castaño, Sergio Raúl (2018). Il potere costituente tra mito e realtà,* prefacio de Pietro Giuseppe Grasso. Milano. Giuffrè Francis Lefebvre"*: Prudentia iuris,* núm. 92 (2021) 25-30 (ref. 16750).

[9] Juan Roa Dávila: *De regnorum iustitia o El control democrático,* ed. crítica bilingüe por L. Pereña y la colaboración de J.M. Pérez Prendes y V. Abril, Madrid, Consejo Superior de Investigaciones Científicas, 1970. Como casi todas las obras del *Corpus hispanorum de pace,* la traducción de esta es demasiado libre a la hora de emplear conceptos que ni siquiera existían en la época de que se trata (en este caso, el primero de todos, el "control democrático"). *Vid.* además E. Llamas, "Dos documentos inquisitoriales sobre una obra de Juan Roa Dávila en el «British Museum»"*: Salmanticensis,* xvii, núm. 2 (1970) 425-429 (ref. 16749), sobre la censura de su obra *De Iuribus principalibus defendendis et moderandis iuste...,* Madrid, Petrum de Madrigal, 1591, de la que *De regonorum iustitua* era el séptimo tratado.

[10] *Vid.* algunos ejemplos en A. O'Rahilly, "The sovereignty of the people"*: Studies: An Irish quarterly review,* x (1921) 48n (ref. 16747).

uno o unos pocos no es total, sino que permanece *in radice* o *in habitu* en todos y cada uno de quienes la delegan, según dos expresiones que tenían una larga tradición entre los tratadistas latinos y especialmente en la escolástica. Es fundamental al respecto advertir que la designación de la autoridad se hace generalmente entre los que forman la comunidad y, en todo caso, de forma que el o los elegidos quedan incorporados a ella, o sea al conjunto de quienes la delegan y al tiempo la mantienen *in radice* como propia. La consecuencia principal es que eso implica que el gobernante ha de mandar en "sintonía" con la comunidad, cosa que equivale a decir que, siempre que sea justo, debe ordenar la vida de esa comunidad tal como sus miembros desean, aunque lo vea preferible de otra forma[11]. En definitiva, subyace aquí no solo la raíz del derecho a estar "representado" por los que mandan, sino a participar en el gobierno y, así, hacerse "presentes" con su propio quehacer, sin la alienación en el voto que caracteriza la política actual del mundo políticamente "occidentalizado".

Eso afecta de lleno a la tesis del libro de Miguel Alfonso Martínez-Echevarría porque el pronunciamiento de Azpilcueta y Vitoria data de la misma década tercia del siglo XVI en que cuajaba el cisma de Lutero. El autor insiste en la influencia decisiva de este en la orientación que, desde entonces, tuvo la actividad religiosa, política y económica; pero no se puede olvidar que la primera economía del mundo era entonces la de la monarquía hispánica, que tendía a ceñirse a los criterios de los teólogos y juristas de la Segunda

---

[11] *Vid.* N. Belloso-Martín, "Poder político y democracia: La filosofía política de Juan Roa Dávila": *Anuario filosófico*, xxx (1997) 689-702 (ref. 16748).

Escolástica[12], cuyos principios, sin embargo, nunca fueron asumidos expresamente en Roma.

Y eso es anterior a la confusión de Hobbes entre autoridad y poder, o sea la *potestas* sin límite; aunque es cierto que los escolásticos de que hablamos tenían claro el carácter delegado de la autoridad, tropezaban con la interpretación de la frase *"omnis potestas a Deo est"*[13]. En realidad, en la *Vulgata,* se había traducido por "potestad" el griego *èksousía* que empleara san Pablo en carta a los *Romanos* 13:1, cuyo significado es mucho menos claro y no descarta desde luego el de *auctoritas* (ni que haya mediación entre el Dios de quien procede y quien la ejerce)[14].

*

Esto remite a un aspecto de primer orden en el libro que comentamos, la interpretación del hecho cristiano como generador de una "secularidad" que Miguel Alfonso Martínez-Echevarría describió en la presentación de su libro como algo impuesto en general en los primeros siglos, siendo así que, en el propio libro, habla de las dificultades que supuso su aceptación

---

[12] *Vid.* F. Estapé Rodríguez, "Revaloración de la escolástica en la formación del pensamiento económico": *Anales de la Real Academia de Ciencias Morales y Políticas,* lvxxiii (1996) 445-457 (ref. 16746). Sobre lo escrito sobre ello, J.L. Cendejas Bueno, "Síntesis bibliográfica del pensamiento económico de la escolástica española": *Revista fe y libertad,* iii, núm. 1-2 (2020) 331-358 (ref. 16745). Sería necesario contrastarlo con el libro de B. Clavero: *Antidora: Antropología católica de la economía moderna,* Milán, Giuffré editore, 1991 (ref. 16569).

[13] *Vid.* M. Rodríguez Molinero, "Legitimación del derecho, emanado del poder, según los maestros de la Escuela de Salamanca": *Anales de a Cátedra Francisco Suárez,* xvi (1976) (ref. 16744).

[14] *Vid.* un breve estado de la cuestión de las distintas opiniones en I. Broer, "εξουσια…", en *Diccionario exegético del Nuevo Testamento,* ed. Horst Balz y Gerhard Schneider, Salamanca, Ediciones Sígueme, 1996, t. I, col. 1451-1452 (ref. Instrumentos).

(pg. 144). El propio "saeculum" se vio como algo a relegar en esos siglos. No quería decir otra cosa ni la *fuga mundi* de san Ambrosio ni el *contemptus mundi* del Aquinate. Era una ficción eso de huir o abandonar el mundo, porque nadie deja de ser histórico mientras vive precisamente en este mundo, antes de morir. Pero fue una ficción creída y confesada y mantenida incólume hasta el siglo XX en la Iglesia romana[15], como acepta el propio autor al hablar primero de la influencia de san Agustín (pg. 154) (en realidad, en eso y otras cosas deudor de san Ambrosio) y después a la de Ockham (pgs. 166-172) sin olvidar a Joaquín de Fiore (pg. 171).

Y eso afectaba y confundía los órdenes político y religioso y llegaba a amparar formas de sumisión que hoy juzgamos inadmisibles. ¿Cómo afirmar que, en una cristiandad regida así, dominara la autonomía de cada ser humano si todos esos siglos fueron atravesados por el mantenimiento de las más diferentes formas de servidumbre, se llamaran o no con denominaciones emanadas de la raíz latina *servus*? No es posible olvidar que, en España hubo siervos hasta finales del siglo XV, cuando abolió Fernando de Aragón la condición jurídica de los "payeses de remensa"[16], y que, eso no obstante, ya habían comenzado a llegar los esclavos negros a los mercados de las costas mediterráneas, incluidas las españolas (a quienes, por cierto, se les aplicaron hasta el siglo XIX las *Partidas* del XIII que concernían a los "siervos", de

---

[15] Por brevedad, remito a la bibliografía de mi estudio "Lo positivo de la secularización en la historia": *Memoria y civilización*, xv (2012), 287-300, dadun.unav.edu.

[16] *Vid.* J.F. Merino Merchán, "El conflicto remensa y la sentencia arbitral de Gudalupe de 1486": *Revista de las Cortes generales*, núm. 86 (2012) 239-273 (ref. 16740).

manera que, en España, no cabe hablar de diferencia jurídica entre siervos y esclavos del siglo XV en adelante)[17].

¿Y qué decir de los reinos cristianos surgidos de la conquista bárbara de Roma, en los que se extendió desde el siglo VIII que la unción real era un sacramento de la Iglesia y suponía en consecuencia que el monarca recibía de Dios la autoridad directamente y sin más límite que lo que supone ese origen divino?[18]

¿Qué tipo de libertad supuso el feudalismo, que informó la mayor parte de Europa del siglo VIII en adelante, y enseguida el régimen señorial, aunque tendiera a ser más suave que aquel?

Que la idea del ministerio de Pedro como dotado de autoridad sin límites que no fueran el derecho divino y el derecho natural seguía viva en torno a 1500, antes de que Lutero se rebelase contra ella, lo dejan claro las "conquistas" hispanas del siglo XV y XVI. Me refiero a la explotación esclavista de la costa atlántica del África negra, bendecida por el papa Nicolás V en la bula *Dum diversas* (1452)[19]; a las "conquistas" que empezaron a menudear en América, basadas en las bulas alejandrinas de

---

[17] Lo estudié en *La esclavitud en la América española*, Madrid, Ediciones Encuentro, 2005. Allí mismo, hay abundantes ejemplos de cristianos que no trataban a los esclavos como hermanos junto a otros que sí lo hacían, asunto al que alude M.A. Martínez-Echevarría en su libro (pg. 135 y *passim*).

[18] *Vid.* R. Peretó Rivas, "La unción real en el *Sacramentario* de Ratoldus: Cooperacción y significado en la liturgia medieval": *Scripta mediaevalia*, ii, núm. 2 (2009) (ref. 16743); del mismo, "El mesianismo real en la liturgia latina medieval", en *Actas del II Simposio Internacional Helenismo Cristianismo (II SIHC)*, Los Polvorines, Universidad General Sarmiento-Universidad Nacional de la Pampa, 2020, p. 1-8, online (16742).

[19] Uno de los aspectos que se expone en el libro que elaboré con J.M. García Añoveros: *La Iglesia y la esclavitud de los negros*, Pamplona, Eunsa, 2002.

1493, y a la del reino de Navarra por el propio Fernando, legitimada por la bula *Exigit contumacium* de 1513.

Precisamente aquel pronunciamiento de Azpilcueta y Vitoria en los últimos años veinte y los primeros treinta del siglo XVI sobre los límites de la autoridad pontificia debió de responder al problema moral que suscitaron en el joven Carlos V los dos últimos hechos: la conquista de Navarra por su abuelo Fernando y la riada de conquistas que habían comenzado a llevarse a cabo en América. Esos mentís respondieron, por tanto -para contradecirlo-, a una forma de vivir lo religioso, lo político y lo económico que no se sujetaba a esos criterios, difícilmente respetuosos con la libertad. En 1528, fue Azpilcueta el primero en negar que el obispo de Roma tuviese autoridad directa sobre lo temporal; aunque Francisco de Vitoria solo tardó unos meses en hacerlo también, ambos en Salamanca y en ese mismo año[20].

Pero es que todo eso no se resolvió de manera satisfactoria hasta el siglo XX. El estudio de la doctrina social de la Iglesia -cosa de esa centuria, la vigésima- demuestra que esa idea del carácter absoluto de la autoridad de san Pedro no resultaba extraña a san Pío X[21].

*

La propia marginación del papel de los laicos en la vida de la Iglesia hasta los días del concilio Vaticano II nada tenía

---

[20] *Vid.* R. Martínez Tapia, "La «Relectio in cap. Novit de iudiciis» de M. De Azpilicueta y la doctrina de la «potestad indirecta»": *Estudios eclesiásticos: Revista de investigación e información teológica y canónica*, lxxi, núm. 278 (2019) 400 (ref. 16741).

[21] *Vid. La doctrina social de la Iglesia*, cit. *supra*, 163 y siguientes. Una visión actual a partir del discurso, digamos convencional, en J. G. Trabbic: "Religion and the State: A Catholic view", en *The Palgrave Handbook of religion and State*, ed. S. Holzer, t. I, Heidelberg, Springer Nature, 2023, p. 185-221 (ref. ENote).

que ver con la secularidad cristiana que había introducido el cristianismo según Miguel Alfonso Martínez-Echevarría[22]. Lo había atisbado Pío XI en *Quadragesimo anno* (1931, §141-143), pero no lo desarrolló.

Existía la Acción Católica desde finales del siglo XIX; pero hay que recordar que se entendía expresamente como la *longa manus* de la jerarquía eclesiástica hasta los días de Pablo VI, el apostolado laical tuvo que ser "jerárquico" o no ser.

En el libro sobre *Fratelli tutti* que acabamos de publicar en AEDOS[23], se advierte que el cardenal Czerny hizo saber desde *La Civiltà cattolica* en 2023 que el Sínodo de Obispos a reunir en octubre de ese año, y de nuevo en el 2024, no amenazaba la unidad de la Iglesia, y ello porque su finalidad era plantear algo muy diferente: la necesidad de acabar con el "clericalismo" de la jerarquía eclesiástica y reconocer finalmente y de veras el papel de los laicos. Ahora bien, ¿ha sido eso lo nuclear en la reunión sinodal celebrada en octubre de 2023 o continuamos donde estábamos (en ese aspecto concreto)?

*

Que, pese a todo, la gestación del orden económico actual es de matriz anglosajona y, por eso, de origen protestante, como se explica detalladamente en el libro, es totalmente cierto. Está claro que sus pilares son el "Estado" y el "mercado" entendido como sinónimo de "sociedad civil" (concepto cuyo origen se ha

---

[22] Es un asunto que he tratado en diversos lugares; pero acaso ninguno es tan revelador como la visita apostólica de 1912 que estudié en *La hora de Isabel Maranges (1899-1922)*, Madrid, Editorial Y griega, 2021.

[23] E. Martínez Albesa *et al.*: *Estudios y reflexiones en torno a* Fratelli tutti, *encíclica del papa Francisco*, Madrid, Ideas y Libros Ediciones, 2023, pgs. 226-227.

podido rastrear hasta la Grecia clásica[24]) y, por lo tanto, como ámbito de las libertades individuales. No se puede decir que sea ese propiamente el origen del capitalismo, que es muy anterior al siglo XVII y XVIII; pero sí se puede afirmar, como hace Miguel Alfonso Martínez-Echevarría , que "este" capitalismo -el de hoy día- responde a esa matriz, que supone un planteamiento contradictorio: parte de un orden presuntamente "natural" -el "estado de naturaleza" de que hablaban los teóricos británicos de esos siglos: Hobbes, Locke, Adam Smith..., no así Hume, que lo consideraba un supuesto sin sentido- y que, en aquellos, muestra un doble filo: presume la defensa de la humana libertad, entendida incluso al modo cristiano, al tiempo en que mantiene que los seres humanos actúan sobre todo movidos por el afán de "tener" más y por defender ante todo sus propios y respectivos intereses, con un egoísmo casi constitutivo (pgs. 197 y *passim*).

Es cierto que es así. Pero quien conozca el debate del siglo XX, entre teólogos católicos sobre todo, sobre si el ser humano tiene un doble fin -el natural y el sobrenatural- o solo uno -el sobrenatural (que, por tanto, me atrevo a deducir que es -lo sobrenatural- lo propiamente "natural" de todo ser humano), quien conozca esa discusión, digo, verá quizá la relación que muestra con ese doble filo del capitalismo hoy vigente. Relación que es genética -quiero decir históricamente originaria- porque ese debate -el relativo al doble. Fin- se refería a la forma de interpretar el dualismo imperante en la escolástica y, secundariamente, a si el error estaba

---

[24] *Vid.* D. Pavón Cuéllar y J.M. Sabucedo, "El concepto de «sociedad civil»: Breve historia de su elaboración teórica": *Araucaria: Revista iberoamericana de filosofía, política y humanidades,* núm. 21 (2009) 63-92 (ref. 16739).

o no en el Aquinate, en el siglo XIII[25], mucho antes de que el concepto asimismo escolástico de "naturaleza pura" se reinterpretara como "estado de naturaleza" por los teóricos británicos del siglo XVII y XVIII.

Y eso supone deducir que es de matriz católica el origen del deísmo que cundía inconscientemente entre los propios católicos cultos del siglo XVI en adelante, Descartes incluido[26].

El hecho es importante porque no puede considerarse satisfactoriamente superado. Entrado el siglo XXI, era posible oír a un filósofo católico de inquebrantable fidelidad a la Iglesia de Roma que la creación fue obra del Dios uno y no del Dios trino. Un paso más de lo que concluía Kant en el XVIII al decir que la Trinidad resultaba irrelevante a efectos de explicar y comprender el orden natural, incluida la moral; aunque, en rigor, no parece que Kant creyera en que Dios es uno y trino[27]. No en vano se atribuiría a Newton haber despreciado el dogma trinitario un siglo antes como una "quimera papista", y eso por más que no hubiera manera de probarlo por la sencilla razón de que las leyes británicas prohibían negar tal dogma[28]. En todo caso, entre estos y Descartes ¿hay solución de continuidad?

---

[25] Publiqué un avance de un estudio detallado de todo ello, aún inédito, en "Sobre las raíces católicas de la descristianización": *Rocinante*, núm. 1 (2004), 13-56, digital.csic.es.

[26] A eso dediqué la segunda parte del estudio "Lo positivo de la secularización en la historia", cit. *supra*.

[27] *Vid.* R. Rovira: *Kant y el cristianismo*, Barcelona, Herder, 2021.

[28] La frase, en E. Rada: "Introducción" a *La polémica Leibniz-Clarke*, Madrid, Taurus, 1980, p. 27 (ref. 16738); también, en J.J. Ipar, "Física vs. Metafísica: La controversia entre Leibniz y Newton": *Alcmeon 9: Revista argentina de clínica neuropsiquiátrica*, iii, núm. 1 (1993) online, alcmeon.com.ar (ref. 16737). Sobre la legislación sobre ello, S.D. Snobelen, "'God of gods, Lord of lords': The theology of Isaac Newton's general scholium to the

¿Es mera coincidencia que no la haya? No olvidemos que el debate católico sobre el doble fin se centraba en los escritos del Aquinate especialmente, pero pasaba por Cayetano hacia el año 1500 y llegaba a Suárez en torno a 1600 y que Suárez y sus discípulos influyeron directamente en las teorías morales, jurídicas y políticas del protestantismo del siglo XVII y del XVIII. La posible influencia de Suárez en las primeras constituciones de las Trece Colonias y la admiración de Rousseau por el mismo teólogo granadino no es simple coincidencia (y, al citar esos nombres, me remito a los prolegómenos de la revolución americana y de la francesa además de las inglesas porque Miguel Alfonso Martínez-Echevarría con razón las considera hitos fundamentales en la gestación del orden económico que llega a nuestros días y no son pocos los que encuentran en Suárez los principios teóricos que las justificaron[29]).

Principia": *Osiris*, xvi (2001) 180, 188 (ref. 16735). Sobre su pensamiento sobre la Trinidad, ese mismo estudio y, del mismo autor, "Isaac Newton, heretic: The strategies of a Nicodemit": *The British Journal of the history of science*, xxxii, núm. 4 (1999) 381-419 (ref. 16734); también, T.C. Pfizenmaier, "Was Isaac Newton an Arian?": *Journal of the history of ideas*, lviii, núm. 1 (1997) 57-80 (ref. 16736).

[29] *Vid.* E. Nazareno Sánchez, "Francisco Suárez y los orígenes del parlamento político moderno": *Ingenium: Revista electrónica de pensamiento moderno y metodología en historia de las ideas*, núm. 10 (2016) 179-194 (ref. 16730); PP Búa, "Francisco Suárez y la propaganda político-apocalíptica en la Inglaterra de Jacobo I: El libro V de la *Defensio fidei: El Anticristo*", en *Francisco Suárez (1548-1617): Jesuits and the complexities of modernity*, ed. Robert Aleksander Maryks & Juan Antonio Senent de Frutos, Leiden, Brill, 2019, pgs. 272-299 (ref. 16732); F.T. Baciero Ruiz, "Francisco Suárez como gozne entre la filosofía política medieval y John Locke": *El pensamiento político en la Edad Media*, coord. P. Roche Arnas, Madrid, Editorial Centro de Estudios Ramón Areces-Fundación Ramón Areces, 2010, pgs. 263-274, gredos.usal.es (ref. 16731); L. Scannell: *Principles operative in the American and French Revolutions in the light of the doctrine of revolution*

Digámoslo abiertamente: la "secularidad" de que habla Miguel Alfonso Martínez-Echevarría como la principal contribución del cristianismo en este orden de cosas no germinó con verdadera fuerza hasta el siglo XX. Desde el siglo II, el neoplatonismo fue inspirando la teología católica al mismo tiempo en que algunos de sus principales protagonistas -Plotino y Porfirio en el siglo III[30], Proclo de Licia en el siglo V[31]- desdeñaban a los cristianos por creer en lo que creían y, pese a ello, la teología católica seguía fiel a esa influencia y a la de los estoicos y los aristotélicos cuando Pío XII murió (1959).

Es cierto que Lutero contribuyó de forma decisiva a poner las bases del orden económico, político y moral hoy dominante[32] -si no por el número de gentes que lo aplauden, sí por el poder que acumulan quienes lo sacan adelante, lo mantienen y alimentan su ampliación-; pero la respuesta católica al protestantismo no pudo ser más desatentada en las esferas de gobierno de la Iglesia, y eso por importantes excepciones que

---

of Francisco Suárez, Nueva York, New York University & ProQuest Dissertations Publishing, 1955 (ref. 16733).

[30] *Vid.* L. Jerphagnon, "Les sous-entendus anti-chrétiens de la *Vita Plotini* ou l'évangile de Plotin selon Porphyre": *Museum helveticum*, xlvii, núm. 1 (1990) 41-52 (ref. 16729); R Goulet: "Hypothèses récentes sur le traité de Porphyre Contre les chrétiens", en *Hellénisme et christianisme*, Michel Narcy & Éric Rebillard, Villeneuve d'Ascq, Presses Universitaires du Septentrion, 2004, p. 61-110; J. Rist: "Christianisme et antiplatonisme: Un bilan", *ibidem*, 153-170 (ref. 16728UnavA37945).

[31] *Vid.* E.A. Ramos Jurado, "La posición de Proclo ante el cristianismo": *Habis*, núm. (1974) 25 35 (ref. 16727).

[32] Remito a la visión de conjunto de Scott Hendrix: "1. Martin Luther, reformer", en *The Cambridge history of Christianity: Reform and expansion: 1500-1660*, ed. R. Po-Chia Hsia, Cambridge, Cambridge University Press, 2008, p. 1-16 (ref. 16764).

podamos citar (así, san Francisco de Sales en torno a 1600[33]).
A principios del siglo XVII, al tiempo en que Francisco Suárez llevaba al culmen la escolástica y, simultáneamente, quedaba yugulada la "filosofía cristiana" que, en puridad, era
precisamente la escolástica, en la curia romana, entre los je-
rarcas católicos y entre los teólogos se optó por relegar y aun
silenciar casi completamente -con salvedades desde luego-
la doctrina sobre el sacerdocio universal de los cristianos[34].
La intención era buena: evitar que se confundiera esa doctrina como la había confundido Lutero al razonar que, si todos somos "pastores" -sacerdotes-, carece de sentido la existencia de un sacramento que se llamaba entonces -y conti-
nuó considerándose así hasta mediado el siglo XX- del "orden sacerdotal" (ahora, "de los órdenes sacerdotales"). Solo
que ese silencio contribuyó seguramente a la yugulación de
una teología que pudiera valorar el laicado y el trabajo como
lo llegó a hacer el propio Lutero y, con ello, se yuguló asimismo el desarrollo de una teología de las relaciones carna-
les, incluido el matrimonio, que quedó reducido a una salve-
dad consagrada por el propio Jesucristo y María la Virgen
con su presencia en las bodas de Caná. No se desarrollaron
las consecuencias del misterio expresado por Pablo a los efe-
sios al decir que las relaciones entre hombre y mujer son

---

[33] Examiné su idea de la importancia del trabajo en *Francisco Butiñá sj
y las butiñanas (1834-1899),* Madrid, Ediciones 19, 2021, p. 84-110.

[34] Sobre esto y lo que sigue, debo remitir nuevamente a mi ponencia
sobre "Lo positivo de la secularización en la historia", cit. *supra,* y a "Rasgos
peculiares de la secularización en nuestro país", en *Cristianismo en una cultura
postsecular: Simposio Internacional "Fe Cristiana y Cultura Contemporánea" (5°. 2003.
Pamplona),* ed. Juan Jesús Borobia *et al.,* Pamplona, Eunsa, 2006, pgs. 25-46,
dadun.unav.es.

imagen de las que unen a Jesucristo con su Iglesia (Ef 5: 22-32[35]).

Y esa yugulación no se salvó -si es que puede considerarse a salvo- hasta que se impusieron los criterios doctrinales en *Gaudium et spes,* cumplido el año 1965. Si no lo ha hecho, a Miguel Alfonso Martínez-Echevarría le asombraría leer las actas de la XIII Semana española de Teología celebrada en el Consejo Superior de Investigaciones Científicas en 1953[36]. Se centró en el papel que comenzaba a atribuirse a los laicos y se calificaba de excesivo "naturalismo" al mismo tiempo en que se confesaba que no cabía ocultar, como hasta entonces, la doctrina del sacerdocio universal. El peligro que esto implicaba llevó al ponente que cerró la Semana a advertir la magnitud que ya había alcanzado la amenaza y lo hizo con la lectura de unos párrafos de un libro que cundía según dijo entre los universitarios españoles y que se titulaba *El valor divino de lo humano,* escrito por un tal Urteaga. Publicado en 1948, en 1953 se vendía la cuarta edición española (de 1952) y la primera portuguesa. Ciertamente, de la primera española se habían tirado dos mil ejemplares: un número prudente; de la de 1950, 5.000; en 1951, 10.000; en 1952, 15.000; de la undécima, en 1963, fueron ya 40.000. Es significativo que, cuando escribo estas líneas (2024), se venda aún la edición de 1995; no veo que haya otra posterior. Pero también es cierto que fue la cuadragésimo quinta. Ya no hacía falta que el obispo de Madrid (que era entonces de Madrid-Alcalá)

---

[35] El punto de partida de la reconsideración teológica de este misterio, en Juan Pablo II: *Audiencia general,* 8 de septiembre de 1982, vatican.va (ref. 16725) y la *Carta* Gratissimam sane *del sumo pontífice Juan Pablo II a las familias,* Roma, 2 de febrero de 1994, vatican va (ref. 16724).

[36] XIII Semana española de teología: La teología del laicado. Objeto material de la Fe divina. Algunos problemas cristológicos. Otros estudios, Madrid, Instituto Francisco Suárez (Consejo Superior de Investigaciones Científicas), 1954.

dispusiera que se incluyese en el *Boletín* de la diócesis una nota laudatoria en la que se advertía que "A muchos escandalizará" el libro en cuestión, y esto en 1951[37]. El ponente final de la XIII Semana española de teología había dado fe de ello aún dos años después.

La secularidad cristiana que tan correctamente explica Miguel Alfonso Martínez-Echevarría está sin duda en germen en la predicación de Jesucristo y los apóstoles, pero no llegó a convertirse en planta sustanciosa hasta el siglo XX, y eso tan solo en parte hasta el día de hoy.

*

El autor subraya con acierto la importancia del código aprobado por Napoleón en 1804 al sancionar el orden individualista -en lo atinente a la propiedad de manera particularmente importante- y, por tanto, en la génesis del orden económico actual, dominado por las sociedades anónimas en detrimento del trabajo.

Acierta plenamente, aunque muestre una paradoja. El código napoleónico suscitó un movimiento codificador en todo el mundo de raíces latinas (y más aún) y se asumió lo sustancial de su fondo ideológico. Hay que decir que ese movimiento fue de una larga duración; en algunos países católicos de habla hispana -muy pocos ya-, el código civil respectivo no fue aprobado hasta el siglo XX y, por lo tanto, siguieron en vigor -en lo que concernía al derecho civil- las *Partidas* promulgadas por Alfonso X el Sabio en el siglo XIII[38]. Los que se elaboraron y promulgaron en las últimas

---

[37] Estos datos, en J. Urteaga Loidi: *El valor divino de lo humano,* 11ª ed., Madrid, Ediciones Rialp, 1963.

[38] Un ejemplo de remisión a las *Partidas* en la América del siglo XVIII, en Santa Cruz a Mesía, 1 de febrero de 1765, Archivo General de Indias, Quito, 398, f. 128.

décadas del siglo XIX, además, nacieron en el cénit del historicismo jurídico predicado por Savigny (†1861) y eso permitió la preservación de los derechos históricos (los llamados "forales" en el caso de España, donde estaban y siguen por eso vigentes en toda la franja septentrional de la península, desde Galicia a Cataluña y Baleares). Y esos ordenamientos -los forales- afectaban y afectan al derecho de propiedad sobre todo en lo que depende del derecho de familias. Sin duda, el individualismo liberal y su concepto de la nuda propiedad, sin "hipoteca" social alguna, cundió sobremanera en todo Occidente, pero no en todos los países de la misma manera y grado[39].

La legislación coetánea para regular la multiplicación de las sociedades anónimas fue otra cosa; se contemplaron en el código napoleónico de comercio, que se promulgó en 1807; pero, en Francia y en casi todos los países de Occidente, comenzaron a formarse antes de que se legislara sobre ellas. En todo caso, eran una contradicción -a mi juicio- que se asumió en el nuevo orden económico y político surgido con la revolución liberal. De acuerdo con los criterios de Rousseau según los cuales todo cuerpo intermedio, entre individuo y "Estado", coarta la libertad, la revolución había llevado a prohibir todo tipo de asociación y, por tanto, también la de trabajadores que, así, pudieran defender con eficacia sus derechos, y, eso, no solamente en el mundo latino, sino también en el anglosajón y el germano y en el eslavo. Pero las sociedades anónimas eran, al tiempo, expresamente tuteladas legislativamente y la Bolsa se convertía en institución principal para encauzar los movimientos de inversión y especulación.

---

[39] *Vid.* E. Cordero Quinzacara, "De la propiedad a las propiedades: La evolución del concepto liberal de propiedad": *Revista de derecho de la Pontificia Universidad Católica de Valparaíso*, xxxi (2008) 493-525 (ref. 16723); J.C. González Hernández: *La influencia del derecho español en América*, Madrid, Editorial Mapfre, 1992 (ref. 9672).

Precisamente en esa misma época, eran prohibidas las asociaciones de trabajadores: en 1791 en Francia, en 1799 en Inglaterra, ya comenzado el siglo XIX en los Estados Unidos de América...

Con razón clamaron los fourieristas, a raíz de la revolución también francesa de 1830, que la de 1789 había fracasado y que la clave estaba justamente en el derecho de asociación, negado a los trabajadores y fomentado en los capitalistas.

Hay que decir que el caso concreto de la multiplicación de las sociedades anónimas había llamado la atención en la curia romana antes de que mediara el siglo XVIII, probablemente por las consultas que se hacían a Roma sobre el criterio a seguir ante ese hecho. Y Benedicto XIV se pronunció en 1745, en la encíclica *Vix pervenit*, de forma paradójica: primero, porque no pareció preocupado por esa libertad asociativa, sino por su presunta relación con la usura, celosamente perseguida en la Iglesia durante el último milenio anterior al XVIII[40]; segundo, paradójico también, porque, en adelante, sus sucesores remitieron a *Vix pervenit* cada vez que llegaba otra consulta episcopal, siendo así que, en tal documento, el obispo de Roma no había hecho otra cosa que expresar su perplejidad y dictar una sentencia estrictamente nominal: solo podía condenarse como usura lo que se presentara como un "préstamo" y no lo que recibiera otro nombre (se entiende que "inversión" y similares). Mientras tanto,

---

[40] J.M. Rozas Valdés, "Cómo se comete la usura": *Verbo*, núm. 507-508 (2012) 630 (ref. 15662). Para una comparación, J.H. Munro: *Usury, Clavinism, and credit in protestant England: From the sicteenth century to the Industrial Revolution,* Toronto, University of Toronto (working paper 439 (ref. 16722).

habría que reflexionar sobre esto último y averiguar si era o no usura[41].

Sobre esa base, es comprensible desde luego que los aspectos religiosos de las revoluciones liberales que siguieron a la francesa de 1789 -en el orden económico, la desamortización, nacionalización y, a la hora de la verdad, estatalización de la propiedad eclesiástica sobre todo- suscitaran rechazo y -tambiénmiedo a la libertad en la jerarquía católica. No solo la existencia de los denominados "institutos de perfección", sino la propia beneficencia, que era eclesiástica ante todo, quedó falta de base y desarticulada.

Y a eso se sumaría el miedo al socialismo que cundió por el continente europeo a raíz de las revoluciones de 1848 y su repercusión sangrienta en la propia Roma. Con esto y lo anterior, la que se llamaría en el siglo XX "doctrina social de la Iglesia" nació lastrada por un temor que se concretaba en pedir justicia (distributiva y conmutativa ante todo) y rechazar al tiempo las libertades públicas, tamizado lo uno y lo otro por un moralismo que se había tomado del puritanismo protestante, del siglo XVII en adelante, y en el XIX acabó por sufrir el contagio de la eficiencia económica del calvinismo[42]. La secuencia, más que coincidencia, entre Alfred Kuyper y León XIII, culminante en lo que luego se llamó "principio de subsidiaridad" y hubo de ser

---

[41] Varias consultas fechadas hasta 1838 están recogidas en la recopilación de dogmas de Denzinger (ref. 15937).

[42] Menos esta alusión al calvinismo, lo demás lo he intentado explicar en *La doctrina social de la Iglesia*, cit. *supra*. Sobre la convergencia entre calvinismo y catolicismo en estas materias, *New Calvinism and Roman Catholicism*, J. Eglinton & G. Harinck, Leiden, Brill, 2023 (ref. 16549).

apresuradamente compensado con el "solidarismo" de Heinrich Pesch a Neul-Breuning[43].

Doscientos años después de la Revolución francesa, además, con la revolución de 1989, se habían vuelto las tornas: arrumbada la última ideología en que había acabado por apoyarse el llamado "sindicalismo" -o sea las utopías sangrientas de Bakunin y Carlos Marx-, el orden económico capitalista culminaba -en falso- en lo que se presumió el "final de la historia" y hoy muestra buena parte de su capacidad de agresión[44]. La relegación del derecho laboral a favor del derecho mercantil es tan solo un ejemplo o consecuencia... ¿secundaria?[45]

*

¿Una visión negativa, la mía? En realidad, no he hecho otra cosa que desplazar la "secularidad" cristiana de que habla Miguel Alfonso Martínez-Echevarría (sobre todo desde

---

[43] Sobre esto se habla también en el libro, ya demasiadas veces cit., sobre *La doctrina social de Iglesia*. No así sobre la secuencia Kuyper-León XIII, que no es menos importante. *Vid.* J.D. van der Vyver, "The jurisprudential legacy of Abraham Kuyper and Leo XIII": *Journal of markets & morality*, v, núm.1 (2002) 211-249 (ref. 16721) y D.W. Hall, "A response to Johan D. van der Vyver's «The jurisprudential legaxy of Abraham Kuyper and Leo XIII»": *ibidem*, 251-275 (ref. 16722).

[44] *Vid.* Ricardo Yepes, "La revolución de 1989", en *Estudios sobre la encíclica "Centesimus annus"*, Fernando Fernández Rodríguez (coord.). Ed. Aedos, Madrid 1992.

[45] *Vid.* G. Diéguez Cuervo, "Nueva función del trabajo en el orden de la empresa": *Revista española de derecho del trabajo*, núm. 62 (1993), 841-854; "Empresarios con personalidad plural (La secuela última de un concepto equívoco)": *ibídem*, núm. 108 (2001), 837-851; "La subsidiariedad del trabajo en la empresa capitalista": *ibídem*, núm. 140 (2008), 769-780.

la página 497) y retrasar al siglo XX ese modo de ver el cristianismo.

Mi crítica se apoya en realidad en la misma esperanza en que se apoya la suya: la de que esa secularidad tiene las de ganar, aunque sea a costa de mucha sangre, que se verá inabarcablemente compensada por una eternidad.

Además, tanto la historia que rehace su libro como la que puede latir detrás de esta glosa mía, habla de dos milenios jalonados por un rosario de multitud de órdenes económicos, que no se habrían sostenido si no hubiera habido gratuidad en todo momento. Remito nuevamente a Benedicto XVI, que es quien lo ha dicho, siquiera sea acompañado de agnósticos metodológicos del porte de Habermas. Ha sido la reciprocidad fraterna la que ha hecho posible la supervivencia del mundo, sostenido en el ser por el propio Yahweh. Si se habla de los excesos que hubo en el ejercicio del primado de Pedro, hay que hablar igualmente de los papas que se ganaron la aureola de santos. Si se menciona la servidumbre en todas sus formas, no hay que olvidar que fueron teólogos católicos del siglo XVI los primeros abolicionistas de la historia (y, a lo mejor, los más efectivos a la hora, al menos, de mejorar las condiciones de los esclavos[46]) y que, a la vez que unos compraban negros, otros se ofrecían a sí mismos como cautivos para rescatar a quienes lo eran del islam[47].

Esa historia -que es la del bien- es mucho más difícil de conocer y, por lo mismo, de narrar, pero está ahí y -lo que importa tanto o más- se mantiene terne en sus trece. Si no tuviera esta certeza, probablemente no me habría tomado la libertad a la que

---

[46] Ya he citado *La Iglesia y la esclavitud de los negros*.

[47] *Vid.*, por ejemplo, A. Rotger, "Rescat de captius: L'arriscada missió d'alliberar cristians en terres musulmans": *Sapiens*, núm. 262 (2024), online (ref. Enote).

he dado suelta en estas páginas, dedicadas a una obra que vale la pena leer y agradecer.

Si se habla en ella de los abusos a que han dado lugar las sociedades anónimas, no se puede callar tampoco que la lucha contra la usura ha seguido hasta hoy día, en que algunos jueces de la antigua Hispania, por poner un ejemplo, han dado en aplicar la ley contra la usura que se promulgó a comienzos del siglo XX (y sigue en vigor) a los intereses bancarios que lo han merecido a su modo de ver. La primera noticia que he tenido de ello (y no ha sido la única) es la anulación por el juez de primera instancia de Aoiz (Navarra), en 2023, de un préstamo bancario concedido en 2017 a una mujer para comprar una motocicleta, con un TAE del 16,2936%, siendo así que, a juicio del juez, el tipo medio de los créditos al consumo para operaciones entre uno y cinco años era del 8,42% (que ya está bien según los moralistas que dejaron de hablar de estas cosas en el siglo XIX)[48].

¿Que una motocicleta no marca la dirección de todo un orden económico? No sé si anónima, pero sí por acciones debió ser la Compañía General de Comercio patrocinada por los Cinco Gremios Mayores de Madrid que se creó en 1763, cuando Inglaterra ya contaba con un verdadero sistema bancario y financiero sin igual en el mundo[49]. Puestos a comerciar a lo grande, los de los Cinco Gremios madrileños únicamente se atrevieron a admitir depósitos a un interés del dos y medio o tres por ciento, generalmente a cuatro años, con un género de contrato -el llamado contrato *trino*- que rompía el sistema habitual del censo redimible y, sobre

---

[48] *Vid. Diario de Navarra*, 1 de octubre de 2023.

[49] Gareth David Turner, *English banking in the eighteenth century: Bankers, merchants and the creation of the English financial system*, Durham, Durham University, 2014, http://etheses.dur.ac.uk/11297/ (ref. 16838).

todo, implicaba una sutileza que no era tal para los moralistas de la época. Y es que consistía en la entrega de dinero a interés: no *a pérdidas y ganancias*, como decían los entendidos y permitía la moral, sino *a préstamo y ganancia*, de manera que el prestamista -o sea el depositario- no sabía en realidad qué se iba a hacer con él y recibía siempre un interés. El jesuita Calatayud -predicador famoso- consideraba lícitos ambos sistemas con tal que se prestara a comerciantes, no a *republicanos y otros que lo buscaban no tanto para comerciar con él como para socorrer sus cuitas.* Que esto sería usura. Pero otros teólogos más rigoristas consideraron que ni eso; que también el segundo de los tipos de contrato arriba señalados era usurario en cualquier caso. De hecho, el maestro dominico Antonio Garcés, muy prestigioso, predicó reiteradamente que el procedimiento era usurario e ilícito. Y la reacción no tardó en llegar: los sermones del padre Garcés incluso provocaron una verdadera *especie de clamor difundido en el público* (como se lee en el expediente abierto en consecuencia en el Consejo de Castilla); así que los de los Cinco Gremios buscaron el dictamen de otros moralistas y consiguieron con ello que el rey autorizase el sistema por real decreto de 1764; aunque tuvieron que bregar por lo mismo, todavía, cuando los jesuitas marcharon -con la expulsión de 1767- y se impusieron los criterios rigoristas en las cátedras de moral. Así -en el caso de aquellos Cinco Gremios- hasta 1769, en que lograron un dictamen teológico que volvió a serles favorable[50]. Luego los historiadores de la economía se preguntan por qué la *Small Divergence* de los siglos XVI-XVIII entre las potencias económicas europeas se convirtió en *Great Divergence* en el XIX y, en general, perdieron las de mayoría

---

[50] La documentación en que me baso, en el Archivo de la Colegiata de Roncesvalles, *Pleitos,* y en el Histórico Nacional, E, leg. 2831, exp. *Dictámenes de teólogos y juristas...* En realidad, parafraseo el párrafo donde lo expliqué, en *Esquilache, América y Europa,* Madrid, Consejo Superior de Investigaciones Científicas, 2003, pgs. 148-149.

católica[51]. No fue esa la única razón -la del celo contra la usura-; el problema fue mucho más complejo, y muy distinto a uno y al otro lado del océano. Entre otras cosas, en esos países -los perdedores- no regía la secularidad de que habla Miguel Alfonso Martínez-Echevarría y, encima, cundió también la especulación[52].

---

[51] *Vid.* por ejemplo D. Chilosi & C. Ciccarelli, "Italy in the Great Divergence: What can be learn from Engels law?": *CAGE working paper no. 667* (ref. 16718).

[52] El debate que se mantiene sobre ello, no cabe resumirlo aquí. Remito a Bartolomé Yun-Casalilla, "Early modern Iberia empires, global history and the history of the early globalization": *Journal of Global History,* xvii, núm. 3 (2022) 539-561 (ref. 16837). Sobre lo que supuso en la América de habla hispana, Luis Bértola & José Antonio Ocampo: *The economic development of Latin America since Independence,* Oxford, Oxford University Press, 2012 (ref. 16836).

ACERCA DE LA POSIBLE FUNDAMENTACIÓN DE LA ECONOMÍA EN LA PSICOLOGÍA

AQUILINO POLAINO[*]

Introducción

Comenzaré por pedir perdón por el atrevimiento de plantear esta difícil cuestión, una persona que no es un especialista en ciencias económicas.

En las líneas que siguen trataré de mostrar mi opinión acerca de si es factible establecer una relación entre economía y psicología, además de acerca de la posible fundamentación de la primera en la segunda.

A lo que parece, esta vieja idea se ha activado en mí con la atenta lectura de la publicación objeto de este Seminario[1]. Un excelente libro en el que el autor afronta, en diálogo abierto y respetuoso con otros expertos —también con filósofos,

---

[*] Catedrático jubilado de Psicopatología. UCM

[1] Miguel Alfonso Martínez-Echevarría. *La economía entre la sociedad y el Estado*. Eunsa. Pamplona, 2022.

antropólogos y teólogos-, los avatares de la actual ciencia económica con la sociedad y el Estado.

Para lo que aquí interesa, confieso que me ha sido muy útil el desarrollo general del texto y, más en especial, los capítulos últimos.

Comenzaré por exponer una idea antañona que, desde décadas atrás, me rondaba por la mente sobre este complejo problema (apenas una intuición no verificada y posiblemente inverificable).

Una reflexión en profundidad sobre cualquier proceso productivo o transacción económica -en lo que respecta a la *psicología de la persona*-, desvela lo intrincado del comportamiento económico.

Son muy numerosas y complejas las variables psicológicas de las que depende cualquier modesta acción económica. Citaré, a modo de ejemplo, algunas de ellas: de la motivación a la publicidad, de las necesidades a su satisfacción, de los deseos a su frustración, del interés al capricho, de los impulsos al cálculo, de la disponibilidad a la oportunidad, de la imitación al aprendizaje, de la costumbre a la originalidad innovadora, de la innovación al conformismo, de la racionalidad al igualitarismo mimético, del ahorro a la acumulación, de la envidia a la avaricia, etc.

Desde una perspectiva *dimensional*, esta complejidad no solo no disminuye, sino que aumenta. En efecto, en cualquier acción humana de intercambio convergen el mercado, los recursos, la organización social, las creencias, las ideologías, la legislación, el régimen político, la ética, el perfil psicobio-socio-espiritual de la persona, etc.

No obstante, entiendo que la persistencia de ciertas intuiciones y la observación en general del comportamiento humano lograron encender en mí el impulso necesario para afrontar aquí y ahora este problema.

Hechos, datos y hermenéuticas subjetivistas

La desconfianza actual en la razón y la imposibilidad, según algunos, de que las personas puedan llegar a un conocimiento verdadero de lo incognoscible, ha puesto en un grave aprieto el anhelado progreso indefinido que tanto se ansiaba.

Por esta razón, parecía conveniente sustituir el estudio del "por qué" por el estudio del "cómo". Se renunciaba así al estudio de las causas de tal comportamiento –con excepción de la causa instrumental-, a la vez que se entronizaba la razón práctica para dar cuenta de las decisiones económicas.

La abolición de la vilipendiada metafísica dejaba expedito el camino a la ciencia, entendida ahora como el "ajuste exclusivo a los hechos observables". Según el nuevo paradigma científico, lo que había que observar era el comportamiento económico, un hecho social digno de observación, del que dependía el cambio de ideas, la cultura y la organización social.

En esta propuesta, el excesivo énfasis en los hechos amenazaba con sustituir los fines por los medios, con lo que el patrocinio de la filosofía debía dejar paso al rigor y exactitud de la ciencia positiva.

Ahora bien, había que decidir qué "hechos" eran preciso someter a la observación. Esta decisión, sin embargo, no se establecía a partir de otros "hechos" observables, sino de la racionalidad de la persona, que no es del todo observable ni cuantificable.

La mensurabilidad de los "hechos" (la adscripción numérica y su posterior matematización) los transforma en "datos" de los que -una vez tratados por la estadística-, es relativamente fácil servirse para operar.

Los "datos" resultan del cómputo de las relaciones entre hechos diversos. Pero los "datos" están abiertos a ser significativos o no, en función del hermeneuta que los interpreta. Sin hermeneuta, no habría datos, o dejarían de ser significativos.

Esta interpretación, como la decisión acerca de las variables elegidas y los procedimientos estadísticos empleados, supone otra mediación más a cuyo través comparece y se implica la subjetividad de la persona que decide.

Los datos construyen una atalaya –parcial, relativa e incompleta-, desde la que deben enunciarse leyes sociales que, posteriormente, permitirían desvelar su articulación con las así denominadas "leyes de la mente".

Así las cosas, el *homo oeconomicus*, ("es decir, un individuo promedio y abstracto que sólo se mueve por el logro de su interés individual"[2]) devino en rehén de la razón instrumental, que busca en general la maximización de la satisfacción con la minimización del esfuerzo.

En el concreto ámbito de la producción, el *homo oeconomicus* también quedaría cautivo de "la maximización de la ganancia unidimensional del proceso productivo, que en realidad no era otra cosa que la maximización de la ganancia monetaria del individuo monetario"[3].

Pero resulta que este modelo de hombre es incompatible con los anhelos del progreso indefinido, de una sociedad más justa, de un mundo más habitable. La persona que sólo

[2] *Ob. Cit.*, p. 345.

[3] *Ob. Cit.*, p. 370.

se mueve por el logro de su interés individual acaba por generar conflictos, fragmenta el tejido social, y frustra su propio desarrollo personal.

Ávido de satisfacer sus pasiones, suele optar por el "cortoplacismo" individualista, mientras vuelve su espalda a los otros.

Los bienes, desde luego, son escasos. Pero si cada individuo "va a su bola", a lo que considera como "lo suyo", con exclusividad de todos los demás, esos bienes se tornarán más escasos todavía.

Comportamientos como este habrán anegado la difusibilidad del bien: la persona experimentará la soledad no deseada y la infelicidad; dos hechos ciertos que califican el malestar de la actual sociedad.

Los hechos se han empoderado de las ciencias espirituales, a las que han tratado de sustituir. En la búsqueda de las leyes que regulan el comportamiento humano, los hechos observados son los que tienen la clave. Sin ellos, ninguna predicción podría obtenerse. ¿Y cómo calificar de científica una disciplina incapaz de predecir?

Como Miguel Alfonso afirma, "algunos creían que, puesto que la metafísica había sido descalificada –en el ámbito de los procesos interiores del hombre-, podía y debía ser sustituida por la psicología experimental"[4].

No obstante, acontece que muchos de estos "estados interiores" no son observables ni mensurables. En conformidad con la psicología de su tiempo, Fechner (1801-1887) y Wundt[5] (1832-1920) optaron por un recurso simplificador: reducir los

---

[4] *Ibídem*, p. 350.

[5] W, Wundt. *Elementos de fisiología humana*. Librería de J. J. Menéndez, Madrid, 1982; *Compendio de Psicología*. *La España Moderna*, Madrid, 1902.

fenómenos psicológicos a hechos fisiológicos, más susceptibles de medición.

Según la "ciencia nueva", los deseos humanos se transformaban en reacciones del organismo –en hechos objetivos, al fin y al cabo-, más cercanos y fáciles para la precisión cuantificable.

El consumo de cualquier bien producía un diferente nivel de satisfacción fisiológica –su curva de "utilidad"-, objeto de medida, lo que permitía apresar el motivo de su elección, la cantidad consumida y el precio de ese bien.

Este modo de proceder supuso su serio intento de *psicologizar la economía*. Pero, al parecer, quedaban muchas cosas por explicar ante las cuales la psicología se mostraba impotente. ¿Cuál era el origen del deseo? ¿Dónde incluir en esta formulación matemática la libertad? ¿Por qué estaban ausentes en esa rigurosa ecuación otras variables relevantes como el querer de la voluntad o el efecto de la saciación y el hartazgo? ¿Era este el modelo más apropiado para el estudio del comportamiento económico al que se había llegado desde la psicología experimental?

Una breve referencia filosófica

Una breve indagación acerca de los orígenes de este importante cambio epistemológico acerca de las ciencias y sus métodos pone de manifiesto la relevancia del pensamiento filosófico.

Aunque no puedo entrar ahora en este contexto, a mi entender la exclusión de la filosofía en el ámbito de las ciencias económicas, y su sustitución por la ciencia positiva sofoca las raíces de esta ciencia e hipoteca su futura ontonomía.

Es probable que el origen de la denostada expulsión y exilio del pensamiento filosófico de la economía tuviera su origen, precisamente, en la misma filosofía.

Aunque no es el momento de profundizar en la historia de las ideas filosóficas que posibilitaron este cambio de paradigma, no me resisto a mencionar algunos de los autores cuyos pensamientos fueron fundamentales para propiciar este cambio: el empirismo que arrancó con Hume (1711-1776) y Berkeley (1685-1753), adquirió carta de naturaleza con el positivismo y sociologismo de Comte (1798-1857), se acreció con el emergentismo y la lógica inductiva de Stuar Mill (1806-1873), y se asentó en el marco académico con la clasificación de las ciencias de Dilthey (1833-1911)[6].

De todas estas aportaciones, en mi opinión, habría que destacar la de Comte[7]. Hasta el extremo de que sin un profundo conocimiento de su propuesta se oscurece la comprensión de los derroteros de la economía actual.

¿Qué se acuna en el concepto de "ciencia positiva"? Positivo es lo contrario a lo negativo, lo real, lo que puede ser conocido por la inteligencia humana (frente al supuesto oscurantismo de la metafísica y la teología). Con esta opción se declara la defunción y exclusión de la investigación –por ineficaces- de las ciencias especulativas.

---

[6] W. Dilthey. *Introducción a las ciencias del espíritu.* Prólogo de J. Ortega y Gasset. Alianza. Madrid, 1980.

[7] Comte introduce el nuevo concepto de Sociología en 1839 cuando afirma "pienso utilizar, de aquí en adelante, este nuevo término, exactamente equivalente a mi expresión '*phisique sociale*', ya introducida antes, con el fin de designar con un solo nombre esta parte complementaria de la filosofía natural, relativa al estudio de las leyes fundamentales propias de los fenómenos sociales". *Cours de philosophie positive,* v. IV).

La deriva positivista enaltece hasta la autocomplacencia la espontaneidad frente a lo ilusorio, lo útil frente a lo asombroso, la certeza frente al misterio.

La investigación de las causas se califica de inaccesible y es sustituida por las meras relaciones entre los fenómenos observados. De esta forma se subordina el razonamiento y la imaginación a la observación.

La lógica es sometida a los hechos, al sostener como regla general que toda proposición que no es estrictamente reducible al simple enunciado de un hecho, particular o general, no puede tener ningún sentido real e inteligible.

La teoría positivista de las ciencias sociales constituye una seria amenaza para la perspectiva epistemológica, al perturbar la función del sujeto cognoscente y del objeto conocido. En efecto, al restringir todo el conocimiento humano a sólo la percepción (los hechos y la observación), la persona que percibe se transforma en apenas un sujeto paciente.

En el ámbito de la sociología comtiana, la libertad y la voluntad humanas quedan abolidas. Si las relaciones entre los hechos están determinadas por leyes físicas invariantes, como sostiene el filósofo de Montpellier, ¿para qué ocuparse del comportamiento de la gente?

"Así como no hay libertad de conciencia en matemáticas o en astronomía –escribe Aron-, tampoco puede haberla (para Comte) en el campo sociológico. Como los sabios imponen su veredicto a los ignorantes y a los aficionados en matemáticas y en astronomía, lógicamente deben imponer del mismo modo su veredicto en el ámbito de la Sociología y de la Política"[8].

---

[8] R. Aron. *Las etapas del pensamiento sociológico*. Siglo Veinte. Buenos Aires, 1970, p. 101.

La progresiva instalación -¡las ideas!- en el nuevo ámbito científico de la Economía ha contribuido a transformar de forma reveladora el concepto de hombre, de mercado y de sociedad: el hombre como una "máquina de placer", la sociedad como "un equilibrio mecánico de fuerzas", y el mercado gobernado por la competitividad y la "ley de la oferta y la demanda".

Economía y Psicología: una intuición (casi) verificada

He de admitir que aquella vieja intuición acerca de la posible relación entre Economía y Psicología, a día de hoy, no ha sido del todo verificada. No obstante, hay algunos indicios razonables, de muy diversa índole, que asedian y ponen cerco a esta accesible (casi) verificación.

En primer lugar, un indicio razonable es el estudio de las teorías económicas más significativas, desde la perspectiva de una probable `contaminación´ psicológica (factores, métodos y contenidos).

De otra parte, la misma acción económica está articulada sobre –aunque no sólo- numerosos factores psíquicos, como observaremos más adelante.

Por último, teóricos muy emblemáticos de la economía se han inspirado en algunos elementos relevantes –aunque no todos- de la psicología, renunciando al marco más amplio -holístico y global- de una antropología bien fundada.

Ante esta constelación indiciar, me parece poco sospechosa –casi legítima- admitir a un examen pormenorizado tal intuición, por si fuere efectiva su verificación, más allá de la intencionalidad corporativista subyacente. Comencemos por el último de los indicios apuntados.

Desde Adam Smith (1723-1790) se ha entendido la economía como el conjunto *autorregulado* de acciones para "producir la mayor cantidad de bienes con la mínima cantidad de labor"[9]. A la vez se exige la neutralidad del Estado, hasta el extremo de que algunos de sus partidarios cierran filas al grito de "cuanto menos Estado, mejor".

Tal vez Pareto (1848-1923) sea una excepción a tal contaminación psicológica. Aunque en otro cierto sentido también la repone y afirma. En efecto, el autor renuncia a los hechos mentales (en la medida que prescinde de la subjetividad y de la psicología de su época), lo que le constituye en una excepción.

Pero, al optar por atenerse a solo la conducta externa, individuada y separada de cualquier otra dimensión científica, en cierta manera vuelve a hundirse en el psicologismo (*à la page* de su contexto).

Es posible que su peculiar punto de vista tratara de acabar con la imagen del *homo oeconomicus utilitarista*, presente en su época, pero a cambio de sustituirla por la imagen del hombre *racionalista*.

Para Keynes[10] (1883-1946) el precio justo es consecuencia de la estabilidad de las expectativas y la confianza mutua en un fin común. Sin embargo, apenas se ocupa de la formación y orientación de estas expectativas ni de los condicionamientos psicológicos que convergen en el origen y mantenimiento de la confianza social y relacional.

Por otra parte, pone un énfasis excesivo al hacer depender la acción política del poder absoluto del Estado, a la hora de manipular la pasión por la riqueza monetaria y la

---

[9] *Ob. Cit.*, p. 370.

[10] *Ob. Cit.*, pp 430 y ss.

sociedad. En este contexto, no es extraño que la antropología de que parte haya sido calificada de pesimista.

Von Mises[11] (1881-1973), por su parte, concibe la acción humana como algo reactivo frente a una insatisfacción que es preciso resolver. Omite aquí las motivaciones positivas que dirigen el comportamiento humano. No todo en lo personal es resolución de problemas, mera reactividad ante lo que les desagrada o lastima.

Esta teoría es acorde con la visión del hombre como "solucionador de problemas"[12], pero es corto su alcance, porque no contempla su capacidad para hacerse cuestión de sí y de su mundo entorno.

Residenciar esa reactividad en leyes exactas inscritas en la mente le condujeron al sostenimiento de un apriorismo apodíctico: las decisiones dependían de ese "lenguaje intrínseco privado" de cada individuo. Con ello, elevó el rigor del lenguaje a la máxima relevancia posible (emergencia de la praexología).

En von Hayek[13] (1890-1992) se prolonga la teoría anterior y adquiere una nueva densidad al entender la satisfacción empírica de las expectativas como la forma de comprobar que las predicciones se cumplen (verificación), a partir de los principios subjetivistas de la praexología.

Este delicado y sutil regreso a la psicofisiología era previsible al proponer la economía como un *sistema homeostático* y *autorregulado*. En esta perspectiva, "el mercado (se auto-constituye) en un proceso impersonal y no intencional basado en la imitación", en una racionalidad de la acción no consciente.

---

11 *Ob. Cit.*, pp. 434 y ss.

12 L. Polo. *Quién es el hombre*. Rialp. Madrid, 2003.

13 *Ob. Cit.*, pp. 439 y ss.

Con Friedman (1912-2006), de la Escuela de Chicago, la ciencia económica basada en el *laissez faire*, deviene en utilitarista. "La incertidumbre era exógena y estable, pues no se apoyaba en el futuro, sino en el pasado, en la experiencia acumulada de lo ocurrido" (...) "la ciencia económica no tenía que preocuparse por el realismo de sus supuestos, sino por su capacidad de predicción"[14].

El retorno a las neurociencias: neuro-economía y comportamiento económico

Si el final del siglo XX fue considerado como "la era de la genética", el siglo XXI ha sido considerado por numerosos autores como "la era del cerebro". En efecto, las Neurociencias están invadiendo en la actualidad todos los ámbitos del saber.

En este nuevo escenario no resulta del todo sorprendente que la Economía, guiada por la moda, haya seguido los mismos pasos que otras ciencias humanas[15].

Tal vez por eso comiencen a sernos familiares términos como Neuroeconomía (neurobiología de la elección y toma de decisiones), Neuroteología (la activación e inhibición de zonas cerebrales durante la oración), Neuropolítica (predicción de ciertos comportamientos, *screening* de patrones de funcionamiento cerebral en terroristas potenciales, establecimiento de patrones de seguridad en una comunidad para protegerse de la guerra y del crimen organizado), Neuroética, etc.

---

[14] *Ob. Cit.*, pp. 456 y ss.

[15] A. Polaino. *Algunos retos actuales de la Psicología Clínica.* Apertura Curso Académico 2012-2013 CEU. Universidad San Pablo. Madrid, 2012.

Desde luego, es mucho lo que se espera de estas ciencias. No obstante, sea por extrapolaciones, inferencias y generalizaciones, no del todo fundadas, el hecho es que son numerosas las aserciones que hoy se plantean como cuestiones inquietantes y problemáticas en el ámbito de las Neurociencias[16].

La Neuroeconomía ha surgido en un contexto multidisciplinar (en especial, tras relacionar la economía, la biología del cerebro y la psicología) como una ciencia que estudia la actividad cerebral durante el procesamiento de información y la toma de decisiones económicas[17]. No parece, sin embargo, que los vastos contenidos de la Economía puedan reducirse a sólo los tres factores anteriores.

Como reconocen otros autores[18], la actual metodología adolece de numerosas limitaciones. No obstante, las principales líneas de investigación de las que se ocupa en la actualidad la Neuroeconomía son las siguientes: elecciones económicas y sociales, comportamientos de los consumidores, toma de

---

[16] "¿Cómo podemos enfocar realidades humanas éticas (tales como la decisión libre, el sentimiento de culpa, el sentido de la responsabilidad, la conciencia del deber u obligación moral, las convicciones acerca de lo correcto y de lo bueno, o la búsqueda de la felicidad humana) basándolas en una estructura biológica –o al menos buscando sólo su relación con ella- de la que ni siquiera podemos presentar una teoría coherente de su funcionamiento unitario?, (…) ¿qué es el hombre?, ¿podemos controlar nuestro cerebro?, ¿existe la libertad?, ¿es posible utilizar la Neurociencia para luchar contra el crimen, el terrorismo u otras lacras sociales que nos invaden?"; cfr., J.M. Jiménez Amaya, S. Sánchez-Migallón, (2010). *De la Neurociencia a la Neuroética*. Eunsa. Navarra, pgs. 54-55.

[17] C. Camerer, G. Loewenstein y D. Prelec. "Neuroeconmics· Horw Neuroscience Can Inform Economics". *Journal of Economic Literature*, XLIII, 2005, pgs. 9-64.

[18] D. F. Trejos-Salazar et al. "Neuroeconomía: una revisión basada en técnicas de mapeo científico". *Revista de Investigación, Desarrollo e Innovación*, 2023, 11, 2, 243-260.

decisiones, y relaciones entre los estímulos y el comportamiento del cerebro.

Sin embargo, se ha llegado a la conclusión de que no es sólo la racionalidad la que interviene en nuestras decisiones económicas. Por supuesto son los sentimientos, las emociones, la deseabilidad social, y las expectativas las que también entran en juego –y de forma importante- en el momento de decidir.

Hay otros numerosos factores como la emoción, la intuición, el deseo, la apatía, la comodidad, el miedo al ridículo, etc., que de hecho influyen también, de forma significativa, en las decisiones que toman las personas.

Los datos estadísticos aportados sostienen que entre el 80% y el 95% de nuestras decisiones de compra son *inconscientes*. Un dato que, de ser cierto, no ampararía la racionalidad de muchas de esas transacciones ("estaba en oferta", se trataba de unas "rebajas", etc., suelen esgrimir como justificación los compradores).

Como enseguida observaremos, el ser humano llevado de la poderosa capacidad de consumir puede ser arrastrado y confundido por decenas de heurísticos y "atajos mentales" en sus determinaciones, por lo que no deberían ser calificados como auténticas decisiones cognitivas.

La Neuroeconomía trata de explicar el comportamiento económico de las personas en función de la actividad cerebral durante esta toma de decisiones. En la década de los 90 se estrechan los lazos entre la economía y las neurociencias. A ese encuentro conduce, en cierta forma, la desconfianza en la racionalidad del hombre, a la hora de decidir conforme a sus conocimientos e intereses.

Algunos sostienen que los modelos económicos han fracasado y es llegado el momento de incorporar las funciones cerebrales para que tomen el relevo en la explicación de esas determinaciones tan poco racionales.

Es probable que tal opción sea interpretada por otros como un nuevo retorno a la psicología biológica, sólo que ahora focalizado en el ámbito del cerebro. En todo caso, esta reposición del psicologismo económico tiene menor amplitud –deja fuera de foco más variables y dimensiones de la persona- que el antiguo.

Algunos expertos financieros se escandalizan de que sea una máquina, un robot (*robot advisor*) el que al final decide cómo preservar el capital de las personas ahorradoras.

En realidad, no se trata de una máquina que decide dónde y cómo invertir. Se trata más bien de una persona experta que se ayuda de la máquina en su providencia acerca de cuál es el mejor modelo inteligente relativo a la inversión.

De acuerdo con los datos disponibles en la actualidad, aún no puede sostenerse una rigurosa especificidad entre las neuroimágenes y las funciones psicológicas superiores. La neurobiología de los subsistemas nerviosos todavía no es conocida de forma sistémica ni sistemática, por lo que al fiar en solo ella la totalidad de las funciones cerebrales –sean sectoriales, funcionales y normales o patológicas- se incurriría en un reduccionismo pamneurobiológico o, en alguna manera, en la "reificación" biológica y objetivadora de la psicología humana.

Las funciones psicológicas no son reductibles a las meras activaciones y desactivaciones cerebrales, manifestadas por las neuroimágenes cerebrales. La reducción de la persona y de la mente en el imaginario colectivo a sólo su cerebro no es, por el momento, científicamente asumible.

Siguiendo a Fuchs[19], ningún economista o financiero debiera dejar de enmendar la errónea expectativa de su cliente respecto de las exactas predicciones financieras del ámbito digital. Conviene no olvidar que en tanto que profesionales expertos, ninguno de ellos trata con cerebros, sino con personas.

Por otra parte, los bancos de datos de las neuroimágenes todavía son insuficientes para aportarnos criterios diferenciales que sirvan para la distinción entre unas y otras funciones humanas.

Que estos procedimientos de análisis sean mucho más sutiles y finos —y, sobre todo, más rápidos- que los anteriores, muy poco nos dice acerca de su especificidad y universalidad en el marco de la economía. Tampoco nos informan acerca de la dimensión biomolecular de las funciones cerebrales (lo que sería más aceptable de acuerdo con lo que hoy piensa la comunidad científica).

En cualquier caso, los actuales conocimientos no nos autorizan a una "ontologización de la imagen", que verdaderamente sustituya a lo que sucede en la realidad del cerebro.

A pesar de estas contradicciones, o precisamente por ellas, resulta cuando menos paradójico el *iter* seguido por algunos de los economistas a los que en los albores del siglo XXI se les ha otorgado el Premio Nobel de Economía[20].

En 2001, George Akerlof (Universidad de Berkeley), recibió el Premio Nobel de Economía, por sus aportaciones a

---

[19] T. Fuchs. (2004). "Neurobiology and psychotherapy: an emerging dialogue". *Current Opinion in Psychiatry*, 17, pp. 479-485

[20] En realidad, estos premios los concede el Banco de Suecia en memoria de Alfred Nobel.

la economía conductual (la asimetría en la información de oferta y demanda del coche de segunda mano; el papel de las instituciones, la relevancia significativa de la reputación del vendedor en la confianza y toma de decisiones del comprador, etc.).

¿Por qué las personas –se pregunta- toman decisiones financieras tan poco acertadas? El autor analiza esta cuestión con algunos ejemplos del comportamiento de la gente[21].

En su opinión, las decisiones de compra no se toman después de estudiar las ventajas e inconvenientes de tal o cual producto, donde entraría en acción el 'cerebro lento' o reflexivo. Nada de eso. Las personas suelen responder a estímulos inmediatos, sin demasiadas reflexiones, y reaccionan con un impulso suscitado en el llamado 'cerebro rápido' o impulsivo, con consecuencias económicas inciertas.

Un buen ejemplo del aprovechamiento comercial de este error es la disposición de los espacios en las grandes superficies, donde los productos básicos se colocan al fondo, para que el consumidor recorra toda la tienda. De esta forma, es probable que, estimulados por la oferta, los clientes acaben comprando lo que no necesitan, en lugar de buscar lo que necesitan y eviten fijar la atención en lo demás.

Observar el pensamiento propio, darse un tiempo para reflexionar y aprender a detectar cuándo no se está tomando una decisión racional, es el primer paso para no precipitarse. Una excelente estrategia consiste en esperar un tiempo prudencial, antes de comprar algo, para ver si es realmente necesario o si sólo se trata de un capricho.

Daniel Kahneman (Universidad Hebrea de Jersusalén), psicólogo no economista, recibió en 2002 el premio Nobel de

---

[21] G. A. Akerlof. *La economía de la manipulación: Cómo caemos como incautos en las trampas del mercado.* Deusto. Barcelona, 2016.

Economía por indagar en algunos aspectos económicos de la psicología cognitiva (teoría de las perspectivas[22]; tomar decisiones mediante atajos heurísticos contra toda probabilidad, y sesgos cognitivos como la aversión a la pérdida, y la asimetría en la toma de decisiones).

Robert J. Shiller (Universidad de Yale), recibió el Premio Nobel de Economía en 2013 por sus investigaciones sobre la volatilidad del mercado, el riesgo compartido y la psicología de la burbuja[23]. El mercado de valores es comparado a un concurso de belleza en el que la gente, en lugar de apostar por la persona que le parece más atractiva, apuesta por el concursante que la mayoría de los asistentes encuentra atractivo.

Según este autor, si a este comportamiento poco racional se le añade el *optimismo*, con el que los individuos suelen embarcarse en experiencias económicas, es probable que sobrevenga el desastre. La economía conductual también muestra el camino para no caer en las trampas que va poniendo el cerebro. No obstante, el autor ha emprendido, a partir de aquí, una deriva hacia la psicología hedonista y positiva.

Por último, a Richard Thaler, economista y profesor de la Escuela de Negocios de la Universidad de Chicago, le fue otorgado el Premio Nobel de Economía en 2017, por sus aportaciones a la economía del comportamiento; en especial, el estudio del mercado y de otros aspectos psicológicos fundamentales, como la racionalidad limitada de los agentes

---

[22] A. Tversky y D. Kahneman. "The Framing of Decisions and the Psychology of Choice". *Science*. 1081, 211, 4481, pgs. 453-458.

[23] G. A. Akerlof y R. J. Shiller. *Animal Spirits: How Human Psychology Drives the Economy, and why it Matters for Global Capitalism*. Princenton University Press, 2010.

económicos, las preferencias sociales y la ausencia de autocontrol en muchos de los actores[24].

Thaler se ha ocupado también de la contabilidad fragmentaria (analizar cada partida de gasto de forma independiente, sin observar sus consecuencias en el total); la percepción de lo justo e injusto con independencia de la subida o bajada de los costes de producción; el impulso a hacer planes que obtengan resultados inmediatos (la estúpida e ineficaz inmediatez del móvil); la toma de decisiones en el corto plazo (cortoplacismo, cortafuegos; la priorización del instante) sin considerar sus efectos en el largo plazo.

En lo que coinciden algunos de los autores premiados es en que la omisión de la carga emocional y subjetiva de la persona al tomar una decisión, probablemente mejore su resultado financiero.

Hay que actuar con confianza, pero disponiendo siempre de una buena fuente de información. Condiciones previas que es preciso satisfacer antes de tomar una decisión financiera es la información suficiente, la comparación de los precios y la deliberación parsimoniosa, poco importa los pensamientos o deseos que impulsen a su ejecución.

Es conveniente no dejarse llevar por el optimismo infundado, considerar la conveniencia del ahorro, y avizorar ciertos imprevistos con el fin de preservar todavía más el comportamiento prudente.

La economía de la conducta financiera ha desvelado, sin embargo, la existencia de numerosos *sesgos comportamentales* –no solo cognitivos, sino abiertos también a las influencias de diversas tendencias socioculturales, etc.- que contribuyan a modular una

---

24 R. H. Thaler. *Misbehaving: The making of behavioral economics*. Penguin. Random House, 2015.

forma errática de conducirse, en modo alguno atribuible al sistema, al mercado o al capitalismo. Mencionaré muy brevemente algunos de ellos a continuación:

El sesgo del miedo a la desposesión: la aversión a las pérdidas de lo poseído es mayor que el deseo de poseerlo. Este sesgo es posible que esté arraigado y sea dependiente del modo en que el yo establece una fuerte vinculación con la pertenencia. Es probable que el desasimiento del yo ilumine y preserve a la persona de tal sesgo.

El sesgo de la ausencia del autocontrol: se decide una opción (teóricamente) entre dos posibles. Pero si se presenta antes (temporalmente) la primera opción -aunque no fuere la elegida- se suele optar por ella y se desvanece la segunda que sí había sido elegida.

Este sesgo se conoce también como la "estrategia de Ulises". Ulises prefirió atarse al palo del barco antes que ceder al canto de las sirenas. Es lo que suele acontecer en las inversiones penalizadas, si se retiran antes de tiempo. No obstante, suelen ser preferidas por algunos respecto de las que no tienen este impedimento, incluso aunque ambas tengan idénticos beneficios (¿amantes del riesgo?).

El sesgo del efecto de dotación: en general, las personas suelen valorar más un producto cuando lo tienen que cuando no lo tienen. Sería interesante estudiar qué *relación de dependencia se establece entre el poseedor y la posesión.*

Otros numerosos sesgos cognitivos a los que se recurre para explicar la toma de decisiones económicas erróneas son hoy calificados como *irracionales.* Este es el caso por ejemplo del *sesgo de confirmación* (búsqueda de información que confirme las propias hipótesis), el *sesgo del presente* (búsqueda de la recompensa inmediata) y el *sesgo del anclaje* (priorizar la validez de la información más reciente).

Este modo de proceder podría ser un indicio de la escasa educación financiera de la ciudadanía y su vulnerabilidad respecto del comportamiento emocional (la corazonada) e impulsivo.

Pero podría apelarse también a la complejidad y el desconocimiento que tienen respecto a las propias cogniciones, y su mayor o menor peso en la toma de decisiones. A mi parecer, este modelo de comportamiento no se restringe a sólo el ámbito económico, sino que se extiende a otros muchos (formación, estudio, relaciones sociales, salud, etc.), que no han sido suficientemente estudiados.

Para mejor adaptar las inversiones a la aversión al riesgo y al perfil del inversor, algunos expertos financieros aconsejan invertir en fondos indexados (ETFs). Un modo de contribuir a que las inversiones sean más personalizadas, en función de que la información se reciba *on time*, y así las decisiones se adecúen más a la información.

Una estrategia financiera —mera competencia tecnológica- de la que no puede derivarse, como algunos autores enfatizan, una reducción a la "irracionalidad" de las decisiones financieras.

Calificar de *"irracionalidad"* a la decisión suele fundamentarse en que el ahorrador no elige la estrategia más eficaz (para obtener una inversión más productiva), sino que toma su decisión según su apetencia *emotivista* en ese instante, por la sencilla razón de que así disfruta más.

Al parecer, les importaba muy poco algo tan objetivo como el interés económico, el "valor añadido" a sus inversiones. Declinaban y subordinaban ese valor (tecnológico y neutral) al valor subjetivo de sentirse mejor consigo mismos.

En definitiva, las causas de esos errores estaban en fragmentar y separar cabeza y corazón, decisiones emocionales y decisiones intencionales, inteligencia instrumental (algoritmo tecnológico decisorio de acuerdo a la lógica del mercado) e inteligencia emocional (que sigue el dictado de la comodidad, el placer y la satisfacción).

Teorías económicas y Psicología: mi punto de vista

Las insuficientes e incompletas investigaciones psicológicas y los diversos usos que han hecho de ellas las variadas teorías económicas patentiza, en mi opinión, la imperfecta y mejorable relación existente entre ellas.

En principio, se echa en falta una revisión principalista de las teorías económicas *in nuce*, en el atenimiento a su específico contexto[25].

En cualquier caso, ni siquiera el entero saber de la Psicología actual, a mi entender, puede ser fundamento de la Economía. Constelaciones de variables incontrolables e inapresables por la asignación numérica, la misma naturaleza inmaterial de muchas de ellas, los numerosos factores (no psicológicos) que concurren en la acción humana económica, la interacción entre ellos, el seguimiento en el tiempo y posible correlación entre los diversos procesos, lo contextual y sociocultural, lo espiritual, etc., ponen de manifiesto las erizadas dificultades que caracterizan las relaciones entre estas disciplinas.

---

[25] En este sentido, hay numerosas teorías menores, microteorías que no se han atendido como debieran. Por poner un solo ejemplo de ello, me referiré al distributismo, propuesto por Chesterton y tal vez su relevante papel al tratar de explicar el surgimiento del socialismo económico y el capitalismo de Estado. Cfr., G. K. Chesterton. *Los límites de la cordura. El distributismo y la cuestión social.* El buey mudo. Madrid, 2010; Id. *La utopía capitalista y otros ensayos.* Palabra. Madrid, 2013.

Desde la historia de la psicología (asociacionismo, conductismo, cognitivismo y neuropsicología) cabe hacer algunas consideraciones opuestas a la posible fundamentación de la economía en las ciencias psicológicas.

Comencemos por el *asociacionismo*, teoría psicológica en boga durante el siglo XIX, defendida por numerosos autores. Esta teoría sostenía que la mente se constituía con multitud de representaciones obtenidas de la experiencia y no de la razón. Estas representaciones, como en un espejo, se asociaban unas a otras hasta configurar un cierto sentido y significado del mundo.

La fuerza de esta teoría se asentaba en explicar el todo por la asociación entre las partes que lo integraban, partiendo así de lo sencillo a lo complejo (un principio desmentido luego por la *Gestalt*).

La extrapolación de esta idea al ámbito cerebral supuso, sin embargo, la reposición del trasnochado y obsoleto localismo funcional: como si cada acción o función humana tuviera una localización precisa y específica en el cerebro.

A partir de estas asociaciones y su localización cerebral, se pensaba que todo quedaba así bien ajustado entre el cerebro, la conducta y su significado.

Cualquier comportamiento innovador era consecuencia del sometimiento (¿explicativo?) a las leyes asociacionistas: (1) los procesos psíquicos se asocian entre sí, en función de que acontezcan simultánea o sucesivamente en el tiempo (ley de contigüidad); (2) estas asociaciones son tanto más poderosas y estables cuanto más se repitan (ley de frecuencia); y (3) estas asociaciones son más invariantes y estables cuanto más recientes sean (ley de recencia).

Se reducía así la conciencia a la mera combinatoria de asociaciones entre los elementos más simples que componen el todo de las experiencias sensoriales. No deja de ser curioso que no se apelara aquí a los recursos disociativos, que tan amplia cabida han tenido en la supuesta explicación de ciertas patologías mentales.

Pronto encontró numerosas limitaciones racionales que le impedían justificar otras funciones superiores (memoria, formación de conceptos, aprendizaje, etc.), por lo que enseguida suscitó críticas y cayó en el olvido. Otros intentos más sofisticados de reponer el asociacionismo, llevados a cabo durante el siglo XX, han tenido un alcance poco significativo.

El congreso de 1948, para tratar de explicar la mente desde la exclusiva teoría asociacionista, organizado por la Fundación Hixon (con expertos matemáticos, neurólogos y psicólogos), se concluyó con un mentís rotundo. Lashley[26] arreció la crítica contra el asociacionismo, reclamando para el cerebro una función de control y no solo un mero instrumento asociativo.

Algo parecido aconteció en 1956 en el congreso promovido por el Instituto Tecnológico de Massachusetts (ITM). Newell et al.[27] aportaron información sobre la lógica de la informática; Miller[28] mostró la implicación del sujeto en la gestión de la información.

---

[26] Artículo reproducido en J. A. Jeffress (comp.). *Cerebral mecanisms in behavior: the Hixon Symposium.* John Wiley, Nueva York, 1951, pp. 112-146.

[27] Artículo reproducido en E. Feigembaum y J. Feldman (eds.). *Computer and thought.* McGraw-Hill, Nueva Tork, 1963.

[28] Artículo reproducido en M. V. Sebastián (comp.). *Lecturas de psicología de la memoria.* Alianza. Madrid, 1983.

Continuemos ahora con la crítica al *conductismo* y al *cognitivismo*. A pesar de haberse configurado el conductismo como la teoría psicológica dominante durante varias décadas en el pasado siglo, sus naturales limitaciones para habérselas con las funciones psicológicas superiores (pensamiento, formación de conceptos, conciencia, memoria, etc.), mostraron una vulnerabilidad que era preciso atender.

De otra parte, los nuevos procesos y trasmisión de la información[29], a través de métodos computacionales, contribuyeron al destronamiento del conductismo. El funcionamiento cerebral trató de explicarse a través de la "metáfora del ordenador", y el estudio de las capacidades superiores[30] como "conductismo subjetivo".

Así se asentaron las bases para ofrecer un cambio radical en el objeto de estudio de la psicología: de la ciencia de la conducta a la ciencia de las cogniciones[31].

Esta tajante transformación, sin embargo, ha ido permeando los estudios y la práctica de la psicología de forma diferente en los diversos países. En nuestro país fue radical: "España, -como sostiene un académico prestigioso- una noche se acostó conductista y al día siguiente se levantó cognitivista".

---

[29] C. Shannon (1916-2001) y A. M. Turing (1912-1954).

[30] Como sugieren sus autores, "si un hombre es como un ordenador, entonces tiene que tener a su disposición un conjunto organizado de instrucciones que ejecutar. Es decir, el hombre debe tener un plan". G Miller, E. Galanter y K. L. Pribam. *Planes y estructura de la conducta*. Debate, Madrid, 1983.

[31] L. Festinger. *Teoría de la disonancia cognitiva*. Instituto de Estudios Políticos. Madrid, 1975 (primera edición original en 1957); J. L. Pinillos. *La mente humana*. Ediciones Temas de Hoy. Madrid, 2001.

En realidad, la gradualidad con que se acometió tal transformación fue un poco más variada, dependiendo de las personas y sus circunstancias. En la actualidad, la mayoría ha optado por una síntesis ecléctica, un *mixt* un tanto ambiguo –lo "comportamental-cognitivo"-, cuyo empleo ha sido bien admitido y generalizado su uso.

En el ámbito de la Ciencias económicas, la reducción de la Economía a sólo el comportamiento financiero (*Behavior of Finance*) constituye, a mi entender, un aberrante error. Es cierto que algunos para justificarlo apelan al nuevo paradigma comportamental-cognitivo. Un paradigma no del todo bien balanceado, puesto que hay una manifiesta preponderancia de las funciones cognitivas sobre las comportamentales, condicionada tal vez por el recurso a las Neurociencias.

Sea como fuere, la realidad es que la Neuroeconomía resultante se apoya en apenas un fragmento minúsculo de la investigación neurocientífica abierta, como a día de hoy está, a futuras innovaciones y sus obligadas verificaciones.

En lo que se refiere a la relación entre la Economía y la Psicología hay que afirmar que la primera ha seleccionado escasos contenidos de la segunda –persiguiendo su propio interés-, y ha dejado fuera de foco todo lo que parecía no le resultaría de utilidad.

De otra parte, aunque la conexión entre la Psicología y la Neurociencia tiene un recorrido más amplio, sin embargo, los poderosos límites que naturalmente impone lo ignoto de la segunda, en modo alguno facilita el ensamblaje entre ellas. En especial, cuando la trabazón buscada entre ellas está referida a un marco económico.

Podría afirmarse que los requerimientos de estas tres disciplinas, en lo que atañe a la Economía, acaso sean interesantes y sugestivas, por el momento, pero están muy lejos de constituirse en su fundamento. En consecuencia, las ciencias económicas ni pueden ni deben limitarse, en mi opinión, a reivindicar sólo esas relaciones.

En realidad, estas disciplinas adolecen de un mismo defecto estructural: la ausencia de conocimientos acerca de cada uno de los *procesos* que, como tales, constituyen sus respectivos y específicos objetos de estudio.

La ignorancia acerca de cada *dimensión procesual singular* —y su seguimiento en el tiempo- es probable que contribuya a opacar, todavía más, las numerosas correlaciones que posiblemente en el futuro puedan llagar a establecerse entre ellas.

La necesidad de encontrar la fundamentación de la Economía en la Antropología

Acabamos de observar ciertas insuficiencias y numerosas limitaciones en los fallidos intentos de someter la Economía al albur de la Psicología y de las Neurociencias. Esta actitud en modo alguno supone que no reconozcamos y seamos agradecidos a los ingentes esfuerzos realizados por la investigación científica y las brillantes consecuencias generadas.

Al mismo tiempo, es preciso reconocer el reduccionismo y la "autoflagelación" que la razón parece haberse impuesto a sí misma, al limitar el conocimiento científico a solo lo que pueda verificarse o falsarse mediante la experimentación. Las nuevas ciencias humanas y sociales se empobrecerán de persistir en esta actitud.

No se trata de negar —en la búsqueda de certezas materiales- la grandeza de la razón. Se trata más bien de optar por la valentía de abrir y ampliar la razón de forma que se dilate el horizonte del espíritu humano en toda su extensión. ¿Acaso hay alguien que pierda al proceder así? ¿No será más cuantioso el extravío si se limita, "ortopédicamente" y de forma antinatural, la razón humana, restringiendo su vocación a la universidad del conocimiento, con independencia del método elegido? ¿No habría tal vez una mayor ganancia de libertad si, más allá de la exclusión demonizada de las ciencias especulativas, se les dejara proceder con la incoercible espontaneidad que les caracteriza?

Hay muchas cuestiones relevantes y significativas que están más allá de las ciencias positivas, a las que éstas no pueden responder. Son cuestiones a las que la humanidad no puede renunciar. Para dar respuesta desde la Economía a esas preguntas apremiantes (en el ámbito de la economía cabe formular algunas cuestiones como la donación, la posesión, el desprendimiento, el regalo, la solidaridad, la escucha, la economía del don, etc.), mi propuesta es apelar a la Antropología.

A pesar de que no toda antropología sirve como fundamento para responder a estas cuestiones, siempre cabe realizar el esfuerzo humano de buscar la antropología "más conveniente" (por realista y holística) para ello.

Se ha comprobado que el punto de vista de la psicología y de las neurociencias se nos quedan demasiado cortos, como fundamentos únicos del comportamiento económico. No importa tanto que sean curiosas o sorprendentes sus aportaciones; importa mucho más las ausencias, los *procesos* ante los que se inhiben por no estar capacitadas para indagar sobre ellos.

Me refiero, claro está, a *procesos* como el desarrollo humano, la capacidad perfectible de la persona en la decisión económica, el comportamiento ético y la acción empresarial, la apertura a la verdad, la intencionalidad, la trascendencia, la autorrealización de la persona, la bonhomía y los recursos humanos, la prudencia y las inversiones, la magnanimidad y la nostalgia del ser.

Es posible que algunos se sorprendan ante la variedad de *procesos* a los que acabo de hacer referencia, y que tal vez no se percaten de cómo mediante ellos puedan fundamentarse y sostenerse las ciencias económicas.

La verdad es que, *prima facie*, participo también de esa misma opinión. Ahora bien, sabemos que el punto o los puntos de vista desde los que se parte, modifican lo visto y optimizan o ciegan la vista.

La apelación a la Antropología puede enriquecer y mejorar los conocimientos y teorías económicas. Precisamente, porque amplía y extiende su horizonte al mismo tiempo que profundiza e innova en el conocimiento de las dimensiones que convergen en las transacciones económicas.

La multiplicación de los puntos de vista —siempre que no sean extraños al objeto estudiado o nos distancien de él- enriquece lo visto y optimiza la vista.

ALGUNOS COMENTARIOS DEL LIBRO "LA ECONOMÍA ENTRE LA SOCIEDAD Y EL ESTADO"

IGNACIO FALGUERAS SORAUREN[*]

Aunque son muchas las aportaciones que hacen del libro del profesor Martínez-Echevarría una lectura obligatoria para cualquier economista o científico social, me limitaré aquí a señalar algunas de ellas que, consideradas por sí solas, permiten hacerse una idea de la hondura del pensamiento de su autor.

La primera aportación del profesor Martínez-Echevarría aparece ya en el prólogo, y está relacionada con el problema que impulsa su investigación y que ha culminado finalmente en el presente libro. El breve relato vital con el que se inicia esta sección deja entrever que fue su interés por entender correctamente la actividad económica humana –tanto el porqué de su necesidad como el sentido de la misma– el que le llevó a acometer este trabajo. El mero hecho de plantear este tipo de cuestiones supone ya una contribución al pensamiento actual, que

[*] Profesor Contratado Doctor. Departamento de Teoría e Historia Económica. Facultad de Comercio y Gestión, Universidad de Málaga

las margina y no les presta atención, aunque son clave para iluminar nuestras actividades cotidianas y muchos de los problemas a los que se enfrenta nuestra sociedad moderna.

Además, el trabajo permite entender por qué estas cuestiones han sido relegadas a un segundo plano o directamente ignoradas por la mayoría de economistas modernos. Los motivos de este desinterés quedan reflejados en el libro al poner de manifiesto[1] cómo está cada vez más extendida entre los economistas la concepción de que su ciencia es una suerte de ingeniería social. En esta línea, muchos entienden que el objetivo de la Economía es simplemente el de proporcionar soluciones a problemas prácticos, lo que la convierte en un mero conocimiento técnico. Cuestiones como la determinación del valor, la creación de riqueza, la explicación del desempleo involuntario, etc., cuyo esclarecimiento dio lugar a la moderna ciencia económica, van despareciendo del debate académico por ser consideradas excesivamente teóricas e inútiles. Sin embargo, el problema de reducir la economía a una mera técnica es que entonces no puede proporcionar esos resultados definitivos que normalmente pretenden obtener los economistas pues, como el profesor Martínez-Echevarría afirma en el libro, lo característico de este tipo de problemas es que no existe una forma única de resolverlos (pg. 29). Por este motivo no sólo el

---

[1] Tanto las explicaciones del autor como las obras que él cita al comienzo del capítulo XII (*Sobre la viabilidad de la sociedad civil*) y el cuarto subapartado (*Los mercados como artefactos de diseño*) del capítulo XIII (*Hacia una nueva visión de la política*) revelan que cada vez hay más economistas que entienden la Macroeconomía y la Microeconomía como una ingeniería social. Curiosamente, esta forma de concebir la Economía supone un retorno a parte de los orígenes de esta ciencia, en particular a las contribuciones de ingenieros franceses como Dupuit (véase R.B. Ekelund y R.E. Hébert, *Secret Origins of Modern Microeconomics. Dupuit and the Engineers*. Chicago & London: The University of Chicago Press 1999).

conocimiento técnico debe ser sometido a constante revisión, sino que requiere estar sometido a saberes superiores, pues el uso de instrumentos por el hombre apunta a la obtención de un fin que va más allá del mero carácter instrumental de los mismos, y sin el cual pierden su sentido como instrumentos. Por ejemplo, como ya he señalado con anterioridad[2], esto se hace patente en los debates sobre las mediciones de la pobreza, un problema que inicialmente parece puramente técnico, pero que, en cuanto se intentan desarrollar medidas más finas, se va hace patente que su elaboración requiere profundizar en la propia noción de pobreza.

Para explicar este proceso de "ingenierización" –si se me permite usar el término– de la ciencia económica, la investigación del profesor Martínez-Echevarría no se limita a realizar un examen de la evolución del pensamiento económico reciente, sino que ahonda en las razones últimas del mismo. Su estudio muestra cómo esta forma restrictiva de entender la Economía está ligada a la negativa concepción de la política que surge en Europa por la conjunción del luteranismo y su congénito "pesimismo antropológico" con la noción voluntarista de ley propuesta por la filosofía nominalista (pg. 11). Como el autor pone de manifiesto, de dicha confluencia surge una incorrecta interpretación del libre juego de los dos dinamismos que hay en el hombre –el de su naturaleza y el de su libertad– que lleva a concluir que el verdadero orden social sólo es posible si la sociedad queda estructurada en una suerte de "artefacto dual compuesto por un lado por el Estado, sustituto de todo ethos y sujeto único de la política; de otro la sociedad civil, supuesto ámbito en el que los individuos debían dedicarse a la prosecución racional de la satisfacción de sus necesidades, movidos por sus pasiones e intereses monetarios" (pg. 504).

---

[2] Véase Falgueras Salinas y Falgueras Sorauren (2019, pg. 71 nota 64).

Su esfuerzo por exponer la génesis y el desarrollo de esta concepción pesimista de la vida social del hombre ocupa la mayor parte del libro (de los capítulos III al XII) y constituye otra de las grandes contribuciones del mismo porque, en primer lugar, presenta una brillante síntesis de la evolución en la forma de entender la persona humana y la sociedad a lo largo de la historia occidental. En segundo lugar, dicha síntesis histórica revela claramente cómo la concepción de la actividad económica en general y de la ciencia económica en particular se deriva de esa forma subyacente de entender la persona y la sociedad. En este sentido, el trabajo del profesor Martínez-Echevarría muestra, desde una perspectiva diferente a la empleada por el profesor Rubio de Urquía[3], cómo la teoría económica está basada en una antropología subyacente.

Además, este núcleo del libro permite establecer una conexión entre los dos capítulos en los que el autor expone el grueso de sus tesis más personales, que se sitúan al principio (capítulo II) y al final (capítulo XIII) del mismo, aunque también hay aportaciones intercaladas en los capítulos intermedios a modo de valoraciones de las ideas de los autores estudiados. Mientras que, como ya he señalado más arriba, en este último capítulo el autor culmina la exposición de la idea central del libro, el capítulo segundo lo dedica a esbozar los principios antropológicos sobre los que descansa todo problema económico y que van a jugar un papel importante a la hora de entender la sociedad y la economía. Aquí es donde reside la última aportación del libro que quisiera

---

[3] Véase, por ejemplo, R. Rubio de Urquía, "Acción humana y doctrina social de la Iglesia: un esbozo de 'economía' en la encíclica *Caritas in veritate*", en R. Rubio de Urquía, y J. Pérez-Soba (Edits.), *La Doctrina Social de la Iglesia. Estudios a la luz de la encíclica Caritas in Veritate*, pgs. 59-246, BAC, Madrid 2014.

destacar. En primer lugar, tal y como sugerí en un trabajo anterior[4], el autor aborda la tarea necesaria de aclarar las nociones económicas básicas (trabajo, producción, etc.) cuyo contenido no ha sido correctamente entendido por los economistas. En segundo lugar, porque para llevar a cabo dicha tarea se basa en la antropología filosófica de Leonardo Polo, cuya riqueza y profundidad permite entender correctamente estas nociones.

Para terminar mi comentario me gustaría señalar que, aunque el profesor Martínez-Echevarría propone una vía de superación de la moderna dicotomía Estado-sociedad civil, el autor deja abierto el reto de repensar correctamente la actividad económica, cuestión que es fundamental para superar tal dicotomía. A este propósito, creo que dicha superación no es posible si no se rescatan dos aspectos del problema económico que han sido correctamente percibidos por la ciencia económica desde su nacimiento como tal. Por exponerlo muy brevemente[5], un rápido repaso a la evolución de la Economía desde Adam Smith pondría de manifiesto que el tema de la ciencia económica se ha entendido de dos modos diferentes y, en cierto modo, contrapuestos. Por un lado, los economistas clásicos defendían que la ciencia económica versaba sobre la (creación y distribución de la) riqueza, de modo que todo aquello que no contribuyera a aumentarla no era objeto de estudio de esta ciencia. Por otro, a partir de los economistas neoclásicos se inició un proceso de

---

[4] Véase J.I. Falgueras Salinas & I. Falgueras Sorauren, "La posible y dispar ayuda de la Filosofía a la Economía en relación con algunos problemas básicos de la Teoría Económica actual". En J.A. García (Ed.), *Sobre la Filosofía de Leonardo Polo: Familia, Educación y Economía*, 23-80. Ideas Libros y Ediciones. Madrid 2019.

[5] Estas ideas están basadas J.I. Falgueras Salinas & I. Falgueras Sorauren, "Filosofía y Economía. Bases Antropológicas de la Actividad Económica". *Miscellanea Poliana* (2023) 75, 67-89. Obtenido de https://www.leonardopolo.net/wp-content/uploads/2022/12/MP75-5.pdf

cambio en la concepción del tema de esta ciencia que culminó sustituyendo la noción de riqueza por la de escasez como objeto de estudio de la Economía.

Iluminadas desde la antropología filosófica de Leonardo Polo se puede entender que ambas nociones forman una dualización, cuyo polo superior es la primera (tomada como riqueza de proyectos) y el polo inferior es la segunda, formada por la restricción y limitación temporales (escasez de tiempo). Estos dos polos generan una tensión en el actuar humano porque la amenaza constante de la muerte requiere que nuestro tiempo se dedique desde el primer momento a atender a nuestra subsistencia, que no es lo más alto a lo que se puede dedicar el tiempo, pero es lo primero que requiere ser atendido inexorablemente para habitar el mundo. No obstante, la riqueza de proyectos permite al hombre crear una riqueza de medios que genera una sobra relativa de tiempo, haciendo posible que, aparte de descansar y relajarse, dedique ese tiempo liberado a desarrollar actividades más altas y dignas de su atención (p.ej.: atender a otras personas, estudiar el mundo, relacionarse con la trascendencia, etc.). En este sentido, la actividad económica permite generar progreso humano cuando este tiempo liberado es aprovechado efectivamente por la libertad para dedicarlo a estas tareas más altas. Nótese que en este proceso nunca desaparece la escasez de tiempo, que requiere ser administrado. Además, como depende de la libertad, el progreso no será automático, lo que implica que se puede estancar o involucionar, sin que por ello desaparezca tampoco la riqueza.

Esta forma de entender la riqueza y escasez encaja perfectamente con la propuesta del profesor Martínez-Echevarría, y creo que es indispensable para entender correctamente la necesidad y el sentido de la actividad económica, lo que es clave, a su vez, para superar la dicotomía Estado-Sociedad civil.

RACIONALIDAD

*FÉLIX FERNANDO MUÑOZ PÉREZ**

1. Introducción

El interés de Miguel Alfonso por la historia del pensamiento económico y la metodología de la economía y de la ciencia viene de lejos; al menos desde principios de los años 90 del siglo pasado[1]. Una pregunta fundamental en el ámbito de la teoría económica remite, necesariamente, al estatuto epistemológico de la ciencia económica[2]. ¿Es la economía una ciencia? ¿Qué tipo de saber es la teoría económica? ¿Cuáles son los principios teóricos básicos de la disciplina?

Un concepto clave en la teoría económica es el de racionalidad —a veces también, convenientemente modalizado,

---

* Profesor de Teoría Económica. Universidad Autónoma de Madrid

[1] M.A. Martínez-Echevarría, "Eficacia y Equidad. Individuo y Sociedad". *Valores*, N° 19, Buenos Aires 1990.

[2] M.A. Martínez-Echevarría, *Estatuto epistemológico de la teoría económica*. Separata, pgs. 449-473, Pamplona 1991.

denominado principio de comportamiento económico. Pero ¿cómo es la racionalidad de la que hablan los economistas? ¿Es un concepto homogéneo o depende de diferentes perspectivas teóricas? Obviamente, las respuestas a estas preguntas van a depender de qué se entiende por ciencia económica. En el límite, las concepciones varían entre economía como *cataláctica* o ciencia del intercambio y economía como una parte especial de una teoría más general de la acción humana en sociedad o *praxeología*[3].

Esta cuestión, la del estatuto epistemológico de la economía, y sus corolarios en referencia al tipo de racionalidad substantiva y el engarce con otras disciplinas o áreas del saber —antropología, ética, filosofía, política— aparece sistemáticamente en la obra de Miguel Alfonso en relación con: la naturaleza del trabajo y de la empresa, la naturaleza del capitalismo, la relación entre ética y economía, la Doctrina Social de la Iglesia o, como el caso que nos convoca, su relación con la sociedad y el Estado.

En este breve trabajo señalaremos algunos de los usos más habituales del concepto de racionalidad en la teoría económica actualmente dominante —dejando las versiones más antiguas (aunque no necesariamente por ello menos importantes o interesantes) a personas más competentes en el ámbito de la historia del pensamiento económico. Estas concepciones corrientes en el tráfico de teorías vigentes permitirán captar con más nitidez, si es posible, la versión de racionalidad más substantiva que emplea Miguel Alfonso en su obra: la racionalidad práctica.

---

[3] L. Mises, *Human action: A Treatise on Economics*. New Haven: Yale University Press 1949.

2. Racionalidad formal

En esta sección presentamos los tres tipos de racionalidad más empleados en la teoría económica actual. Si bien distintas en sus detalles y rangos de aplicación, las diferentes versiones que se indican a continuación comparten, al menos, las dos notas esenciales siguientes:

(1) Se trata en todos los casos de un tipo de racionalidad instrumental o procedimental; se refieren a la proporcionalidad (ratio) entre medios y fines, pero en situaciones en las que los fines vienen dados de antemano o impuestos exógenamente — muy en la línea de la definición clásica de Economía de Robbins[4].

(2) Racionalidad se refiere a una operación lógica, básicamente desligada de la acción, o en la que la acción se reduce a elegir lo mejor.

El caso más extremo —y dominante— es la racionalidad neoclásica propia de la teoría de la elección racional, basada en axiomas de elección[5]. En su versión más radical, este tipo de racionalidad implica que los agentes económicos (personas u organizaciones) disponen de toda la información relevante para tomar decisiones, de los recursos cognitivos y el tiempo (en realidad, tiempo lógico o no tiempo) necesarios para procesar eficientemente toda la información y determinar de forma inequívoca cuál es la mejor asignación de los medios (recursos, acciones o cursos de acción) conforme a fines preestablecidos,

---

[4] L. Robbins. *An essay on the nature and significance of economic science.* Macmillan, Londres 1932 (2nd ed. 1969).

[5] G. Debreu, *Theory of value. An axiomatic analysis of economic equilibrium* (Vol. 17). New Heaven y Londres: Yale University Press 1959.

mutuamente excluyentes entre sí y sin ningún tipo de inconsistencia interna ni externa[6].

Es claro que los requerimientos de cantidad y recursos cognitivos asumidos por este tipo de racionalidad referentes al uso de la información no es propia de seres humanos reales en situaciones reales, dominadas por la incertidumbre radical, en el sentido de Knight[7]. Esto ha llevado a autores como Herbert Simon a referirse a este tipo de racionalidad como *racionalidad olímpica*[8], propia de los dioses del Olimpo.

Con todo, este tipo de racionalidad, a pesar de las exageraciones que implica, es la más extendida y empleada —si no explícita al menos implícitamente— por la inmensa mayoría de los modelos formales. La razón fundamental es que los axiomas de la elección racional permiten traducir, de un modo relativamente sencillo, los problemas de elección de los agentes en problemas matemáticos de optimización con restricciones (por ejemplo, obtener el máximo nivel de utilidad o placer dada una restricción presupuestaria), con el prestigio que conlleva dentro de los ambientes positivistas la formalidad matemática[9].

---

[6] M.I. Encinar, *Análisis de las propiedades de "consistencia" y "realizabilidad" en los planes de acción. Una perspectiva desde la teoría Económica.* Universidad Autónoma de Madrid, Madrid 2002: Tesis doctoral inédita; A.K. Sen, "Internal Consistency of Choice", *Econometrica* 1993, 61(3), 495-521.

[7] F. Knight, *Risk, Uncertainty and Profit.* Houghton Mifflin. Boston 1921.

[8] H.A. Simon, *Reason in Human Affairs.* University Press, Stanford 1983.

[9] E.R. Weintraub, *How Economics Became a Mathematical Science.* Duke University Press. Durham y Londres 2002.

Sin embargo, además de la inexistencia del tiempo lógico, en situaciones reales existen, según Loasby[10], al menos seis obstáculos a la posibilidad del conocimiento completo: los derivados de la insuficiencia de la inducción; la complejidad de los sistemas socioeconómicos; los límites del conocimiento humano (*human cognition*); los cambios exógenos (por ejemplo un terremoto, una guerra); la interdependencia de las iniciativas individuales; y los conflictos de ideas y propósitos de los agentes.

En parte como crítica a la racionalidad olímpica, pero también con el objeto de introducir más realismo en las teorías de la decisión y superar algunos de los obstáculos señalados en el párrafo anterior, Simon introdujo el concepto de *racionalidad limitada* o acotada[11]. La racionalidad olímpica exige un conocimiento y anticipación completa de las consecuencias de cada alternativa considerada en un acto de deliberación-decisión; sin embargo, el conocimiento humano es siempre parcial, fragmentario, provisional, y las consecuencias de las alternativas son siempre futuras, lo que implica la imposibilidad de anticiparlas de manera perfecta. Así, en realidad, los agentes deciden a partir de la información que realmente disponen, con un tiempo limitado para tomar decisiones. Es más, la racionalidad exige una elección entre todas las alternativas posibles conocidas (o que se cree conocer), y nunca es posible aseverar que se estén analizando todas las alternativas factibles en las decisiones.

En ese contexto, las decisiones que se toman obedecen ya no a refinados cálculos matemáticos, sino a reglas heurísticas que, sobre la base de experiencias anteriores, han demostrado ser más eficaces que otras reglas en la toma de decisiones.

---

[10] B.J. Loasby, *Knowledge, Institutions and Evolution in Economics*. Routledge. Londres 1999.

[11] H.A. Simon, "A Behavioral Model of Rational Choice". *The Quarterly Journal of Economics* 1955, 69(1), 99-118.

Además, no se busca ya la máxima eficiencia o máximo del objetivo perseguido por los agentes (beneficio o utilidad), sino que basta con alcanzar un nivel de objetivo que se ha juzgado previamente como suficiente (*satisfying behavior*) o razonable. Llegado o superado ese umbral, se suspende la búsqueda de otras alternativas y de este modo se ahorran recursos materiales y, sobre todo, cognitivos, que pueden ser aplicados a otras tareas, como la supervisión o monitoreo de la ejecución de las decisiones (acciones o cursos de acción) adoptadas. Cuando las reglas comienzan a dar síntomas de agotamiento (son cada vez menos eficaces en la consecución de las metas perseguidas), se revisan o cambian por otras. Así, mediante un proceso de prueba y error se van seleccionando constantemente las reglas más eficaces produciéndose un resultado en algún modo maximizador del bienestar del agente. En ocasiones se denomina a este tipo de proceder *racionalidad procedimental*.

Este tipo de racionalidad limitada ha sido extensamente empleada por los economistas postkeynesianos y, sobre todo, por los economistas adscritos a la denominada economía del comportamiento o comportamental (*behavioral economics*) y por la economía experimental. Es el caso de economistas y psicólogos como Kahneman y Tversky[12] y Thaler[13]. Llama la atención el uso o pretensión normativa (intervencionista) de este tipo de economía (para una crítica, véase

[12] D. Kahneman & A. Tversky, "Prospect theory: an analysis of decision under risk". *Econometrica* 1979, 47(2), 263-291.

[13] R.H. Thaler, "Behavioral Economics: Past, Present, and Future". *The American Economic Review* 2016, 106(7), 1577-1600.

Rizzo y Whitman[14]). Con todo, y a pesar de aditamentos técnico-formales, introducidos generalmente *ad hoc*, esta perspectiva no se diferencia esencialmente del corpus central de la teoría económica dominante: en la terminología de Lakatos, se trataría de reintegrar en el núcleo central de la teoría dominante (elección racional) los sesgos o divergencias entre lo predicho por el núcleo y observaciones reales (fundamentalmente resultados de experimentos).

Una versión aún más reciente y en cierta medida aún en discusión y que critica el behaviorismo es el de *racionalidad ecológica*, propuesto, entre otros, por Gigerenzer[15], Nelson[16] y Smith[17]. Aunque el punto de partida es bastante similar al de la racionalidad limitada, en este caso la principal diferencia está en que la racionalidad ecológica se aplica a la explicación de la emergencia de instituciones y reglas de comportamiento, en versiones más psicológicas (Gigerenzer), evolucionistas (Nelson) o institucionales (Smith). De nuevo, en este caso, se busca incrementar el contenido empírico y la capacidad predictiva de la teoría. Se trata de examinar bajo qué condiciones en entornos realistas, evolucionan reglas muy sencillas y relativamente eficientes de decisión (del tipo *rule of thumb*). En el caso de Gingerenzer y su grupo del Max-Planck-Institut für Bildungsforschung, la

---

[14] M.J. Rizzo & G. Whitman, *Escaping Paternalism: Rationality, Behavioral Economics, and Public Policy*. Cambridge University Press, Cambridge 2020.

[15] G. Gigerenzer, *Rationality for Mortals: How People Cope with Uncertainty*. Oxford University Press. Oxford 2008. Véase también N. Berg & G. Gigerenzer, "As-if behavioral economics: Neoclassical economics in disguise?" *History of Economic Ideas* 2010, 18(1), 133-165.

[16] R.R. Nelson, "Bounded rationality as a cognitive basis for evolutionary economics". En R. Viale (Ed.), *Handbook of Bounded Rationality* (pp. 484-491). Routledge, Londres y Nueva York 2021.

[17] V.L. Smith, "Constructivist and Ecological Rationality in Economics". *American Economic Review* 2003, 93(3), 465-508.

racionalidad ecológica transfiere el foco de interés del individuo al grupo.

Estas tres versiones de racionalidad comparten, además, otra característica: se trata en todos los casos de un tipo de racionalidad instrumental. La racionalidad instrumental puede definirse como la elección de acciones que satisfacen mejor los fines u objetivos de un agente (individuo u organización) independientemente de cómo estén esos fines u objetivos caracterizados. La racionalidad instrumental es una racionalidad de medios: se trata de establecer qué medios (acciones) son más eficientes para alcanzar los fines previstos, independientemente de cuáles sean estos.

Este tipo de racionalidad técnica, autónoma, es especialmente cara para el Estado: la función de la economía no es el bien común, que será determinado por el Estado, sino el empleo eficaz (eficiente) de los recursos a disposición del aparato estatal para la consecución de sus fines. Por supuesto, este carácter meramente instrumental no ha dejado indiferente a numerosos autores, que ven en su aplicación descarnada un riesgo para la propia sociedad civil, como Miguel Alfonso desarrolla muy bien en su libro, especialmente en su análisis de Max Weber (Capítulo X, secciones 9-12).

3. Racionalidad práctica

En el fondo, el supuesto de la autonomía de la razón obliga a recurrir a la matemática, lo que plantea problemas nada sencillos de resolver, y no por consideraciones meramente técnicas sino porque a la postre cuestiona la posibilidad misma de una teoría pura de la acción[18]. Pero el fin de

---

[18] M.A. Martínez-Echevarría, "Razón autónoma y modelos matemáticos de la acción". *Empresa y Humanismo* 2004, vol. VII (1), 83-104.

la economía en una tradición aristotélica, que es la básicamente que sigue Miguel Alfonso, es el bien común. ¿Cómo casar o ajustar el concepto de racionalidad en el ámbito de la economía con el del bien común?

En el libro que nos ocupa, aparecen al menos cuarenta y tres referencias a racionalidad. Estas referencias abarcan diferentes acepciones y contextos. Además de las más corrientes o habituales —racionalidad abstracta universal, normativa, instrumental—, se presentan algunas novedosas y que merecerían, en sí mismas, un capítulo específico. Por ejemplo, se habla de la "racionalidad de una máquina nomológica" (pgs. 469-475), "racionalidad intrínseca Estado-sociedad-civil" (pg. 15), de la relación entre racionalidad e interacción (en referencia a von Neumann, pg. 443).

Pero estas diferentes acepciones cuadran mal con una teoría de la acción. Es necesario recurrir a otro concepto de racionalidad más substantiva y consistente, coherente, con la acción humana. Para Miguel Alfonso la Economía precisa en este plano de un cambio de enfoque: pasar de la racionalidad formal o instrumental a una racionalidad práctica.

La racionalidad práctica aplicada a la realidad económica presenta tres dimensiones. En primer lugar, solo podemos tratar de comprender cuál es la lógica que guía las decisiones en cuanto a los fines; esto es, cuáles son las razones prácticas que deciden los fines. En segundo lugar, los agentes pueden aplicar la razón práctica para decidir qué fines van a perseguir. (Esto pertenece al ámbito de la economía normativa.) Y, por último, podemos usar la razón práctica —junto con la teoría económica— para diseñar y aplicar políticas económicas (la economía como arte o economía aplicada).

Como puede apreciarse, se trata de una racionalidad abierta a los fines y que, por consiguiente, permite ligar la racionalidad económica (ahora práctica) con la ética, la política y otras ciencias prácticas. Como afirma Miguel Alfonso es fundamental darse cuenta de "la importancia de la ética y de la necesidad de la política" (pg. 406).

Esta apertura no es nueva, pero a nuestro juicio no ha sido suficientemente explorada o explotada en los ambientes teórico-económicos. Algunas excepciones, además de Miguel Alfonso, son Rubio de Urquía[19], Crespo[20] y Muñoz y Encinar[21]. Pero como se ve, se trata de contribuciones que de algún modo están fuera del discurso teórico-económico convencional y dominante.

En definitiva, la racionalidad práctica es una *racionalidad abierta*, pues postula la reconsideración de los fines en el ámbito de la decisión económica. Es una racionalidad de corte o raíz aristotélica y, por tanto, fundada en las virtudes y en ética, especialmente a la virtud de la prudencia, que es (debe ser) la propia de la política[22]. Solo desde esta perspectiva cabe una ciencia económica verdadera, con una sólida

---

[19] R. Rubio de Urquía. "La naturaleza y estructura fundamental de la teoría económica y las relaciones entre enunciados teórico-económicos y enunciados antropológicos". En R. Rubio de Urquía, E.M. Ureña & F.F. Muñoz (Eds.), *Estudios de Teoría Económica y Antropología* (pgs. 23-198). Instituto de Investigaciones Económicas y Sociales Francisco de Vitoria-AEDOS-Unión Editorial. Madrid 2005.

[20] R.F. Crespo, "Practical comparability and ends in Economics". *Journal of Economic Methodology* 2007, 14(3), 371-393.

[21] F.F. Muñoz & M.I. Encinar. "Some elements for a definition of an evolutionary efficiency criterion". *Journal of Evolutionary Economics* 2019, 29(3), 919–937.

[22] M.A. Martínez-Echevarría, *La economía entre la sociedad y el Estado*, pg. 31.

fundamentación antropológica y verdaderamente abierta al bien común.

La urgente necesidad de este cambio de perspectiva es uno de los principales argumentos del libro.

4. *Consideraciones finales*

El proyecto de reconstrucción de la racionalidad económica se retrotrae a los primeros trabajos teórico-económicos y de historia del pensamiento económico de Miguel Alfonso. Además de tener noticia directa de este interés por parte de Miguel Alfonso en las diferentes reuniones del Capítulo de Economía de AEDOS, a mediados de la primera década del siglo XXI Miguel Alfonso propuso un proyecto de investigación sobre racionalidad en economía en el seno del Instituto de Investigaciones Económicas y Sociales Francisco de Vitoria, en el que participaba, entre otros, el autor de estas líneas. Fue por entonces cuando tuve la primera noticia de un doctorando de origen argentino que estaba trabajando en su tesis doctoral con Miguel Alfonso sobre este tema. Lamentablemente el proyecto apenas pudo arrancar, y diversas vicisitudes que tienen que ver, entre otras cosas, con las imposibles agendas de los integrantes del grupo de investigación del proyecto, dieron al traste con el mismo.

No obstante, con el paso del tiempo, ha sido una alegría comprobar que aquel discípulo argentino pudo culminar un importante libro sobre el concepto de racionalidad económica, sus fundamentos, evolución y sentido[23]. El libro que nos ocupa no es sino otro hito, seguramente el más importante, que culmina aquel proyecto inicial, si bien en este caso ampliado al

---

[23] G. Scalzo, *Racionalidad económica: Fundamentos, evolución y sentido*. Sindéresis. Madrid 2017.

considerar la relación de la economía con el Estado y la sociedad. Pero como suelen ser estas cosas, en realidad no se cierra con el libro una investigación sobre un asunto de tal importancia para la teoría económica; quizá deberíamos decir que su principal aportación en este debate ha sido "poner el toro en suerte".

LA VISIÓN HUMANISTA DE LA ECONOMÍA

*MARÍA JIMENA CRESPO**

Como resultado de la necesaria interdisciplinariedad que requiere un estudio profundo de la historia del pensamiento económico, el profesor Martínez Echevarría muestra la evolución de las ideas económicas desde una visión integral.

Con una somera referencia a las diferencias entre las distintas escuelas, se aborda el estudio de la ciencia económica desde perspectivas poco habituales en la investigación universitaria actual, como son el ámbito filosófico, antropológico o cristiano, sin olvidar la óptica histórica, cuantitativa y social, sin las que la economía, pública y privada, no puede entenderse. He de decir que, tras más de treinta años estudiando teoría económica de forma ininterrumpida, la lectura de este texto me ha abierto un panorama antropológico poco difundido en el ámbito académico, que sería interesante explorar por parte de los investigadores sociales.

A lo largo de estas breves líneas se hace imposible reseñar este texto completo de quinientas cincuenta y ocho páginas, con

---

* Profesora titular de Hacienda Pública de la Universidad de Alcalá

un contenido amplio, diverso y poliédrico, por lo que me limitaré al comentario de los capítulos referidos específicamente a los economistas que a lo largo de la historia desarrollaron teorías que aportaron contenido relevante para la micro y la macroeconomía a lo largo de los siglos XVIII a XX.

El libro aborda la, evidente y no siempre entendida, compatibilidad entre la economía de mercado y humanismo, que queda magníficamente expuesta a lo largo de los trece capítulos, en los que se repasa la evolución de las ideas desde muy diferentes puntos de vista. El autor refleja cómo la economía, por ser una ciencia social, no puede desligarse de la persona, de manera que el individualismo, imperante en algunas de las sociedades y doctrinas económicas analizadas, reduce el valor integral económico de la sociedad.

Concebida la economía como la ciencia encargada de la administración de los recursos escasos a los que se les puede dar usos alternativos, las herramientas básicas para la demostración teórica, no empírica, son el análisis estadístico, econométrico y matemático, pues la base del análisis económico reside en un estudio cuantitativo, que ha permitido a los estudiosos demostrar muchos de los axiomas, teoremas, hipótesis…, que se analizan a lo largo de este libro.

El papel de *lobby* entre la sociedad y el Estado, no sólo se refleja en el acertado título, sino que se pone en valor en muchas de las etapas históricas tratadas en el mismo. Creo que es un título muy adecuado y novedoso, ya que la sociedad tiene interiorizado este papel lobista de la economía, pero pocas veces se explicita de una manera tan clara.

La inmensa mayoría de las decisiones del ser humano están marcadas por un coste de oportunidad y desde esta perspectiva se plantea la ciencia económica -como agente intermedio entre la sociedad y el Estado-. Es innegable que todas las decisiones, las cargadas de contenido económico y aquellas que moralmente se pueden situar en un estadio superior, como puede ser la derivada de la maternidad, son el resultado de un análisis más o menos consciente, en el que el coste de oportunidad está presente. En ocasiones el coste de la decisión tomada es cuantificable en términos monetarios, y en según qué decisiones, simplemente es "ordenable", como lo referían los marginalistas, al referirse al concepto de utilidad. Pero en todo caso, el coste de oportunidad existe en cada una de las decisiones que se toman a lo largo del día, ya que, uno de los bienes imprescindibles en la vida de los ciudadanos es el tiempo, y éste es limitado, por lo que es un bien claramente económico.

Por otro lado, la dicotomía entre el papel del mercado y el del Sector Público es una constante desde el nacimiento del Estado Moderno, así que, es muy acertado situar la economía en un punto intermedio entre la sociedad y el Estado.

La dinámica de la sociedad civil

Durante siglos, los economistas han debatido sobre si las personas anteponen sus intereses personales al bien común y, en consecuencia, son plenamente egoístas, o si, por el contrario, están dispuestos a trabajar en pro del bien común (hoy confundido, intencionadamente o no, con el bien social). Y es que el *homo economicus* es considerado por algunas escuelas de pensamiento económico como el único actor del escenario. Pero ya el propio Adam Smith en su libro *La teoría de los sentimientos morales* (1759) entendió que el hombre puede interesarse por los demás y por su felicidad de forma altruista, y este comportamiento es perfectamente compatible con la existencia de una mano invisible en la acción del mercado. Esta afirmación ha sido contundentemente rebatida por multitud de economistas, quizás el más relevante fue Francis Edgeworth para quien el principio de la economía es que cada uno actúa sólo por su propio interés, y así lo trato de demostrar a través del equilibrio general al que los agentes económicos llegaban en su famosa "caja".

Uno de los grandes hitos o errores de la historia económica ha sido sustituir el concepto de ley natural por la libertad entendida, no en el sentido de Locke, sino desde la perspectiva exclusivamente económica. Y es que las decisiones económicas sólo se toman en libertad si la información es perfecta en el mercado, como exigen los postulados de los mercados en competencia perfecta. La libertad individual, en contra de las creencias protestantes, es compatible con la vida de los individuos en una sociedad conectada entre personas, como se analiza en el capítulo referido a la Ilustración Escocesa. Es digna de mención la continua referencia a la libertad de las personas que se hace en el texto, pues para actuar en libertad es imprescindible que se tenga información perfecta, y esto es un postulado no sólo antropológico sino económico. Es un principio básico para que un mercado funcione en competencia perfecta que los agentes no tengan información asimétrica pues, de otro modo, la existencia de una "selección adversa" exige la intervención del Sector Público en la economía, con el ánimo de corregir este fallo del mercado.

En el texto queda clara la conexión entre el positivismo de J.S. Mill, la sociología evolucionista de Spencer, el equilibrio económico de Marshall y la teoría del evolucionismo de Darwin. La variación del azar y la selección natural se unen con la transmisión biológica de los caracteres adquiridos. A lo largo de estas páginas, se liga de una manera espléndida la conexión entre la filosofía y la historia del pensamiento económico. Un enfoque pocas veces contemplado en las aulas de las Facultades de Económicas.

La dinámica de la sociedad civil escocesa de la Ilustración

En la sociedad presbiteriana de la Escocia del siglo XVIII, la moral no se refería en absoluto a la naturaleza humana -por considerarla corrupta- y por tanto, su esencia se fundamentaba en exclusiva en la Biblia. En este entorno, la sociedad se entendía, o incluso se explicaba, desde la filosofía y la teología. A pesar de esta realidad social, David Hume y Adam Smith dieron un gran impulso al empirismo. Y no es de extrañar que se pusiera en valor el bienestar colectivo, eclipsando los fines de cada individuo. De hecho, en el neologismo "civilización", inventado por los ilustrados escoceses, surgía la sociabilidad que favorecía el comercio.

Este capítulo hace una revisión de la Ilustración Escocesa desde la figura de Hume (separado de la filosofía de Aristóteles), quien considera que el hombre no se mueve en libertad, y sólo quienes se sientan miembros de una comunidad pueden darle sentido a la cultura imperante en la misma. Respecto al proceso de toma de decisiones, para Hume, la consideración del bien común no era prioritario, y se limitó a afirmar que cada uno quedaba obligado a obedecer las normas de justicia.

Y es en la búsqueda del bien social donde puede establecerse un puente entre Hume y Smith, pues la metáfora de la teoría de la mano invisible señala el mercado como la herramienta capaz de alcanzar el bienestar máximo, aunque cada uno busque su propio interés.

En el estudio de la economía inglesa no pueden faltar las aportaciones de Adam Smith para quien el papel del Estado debía reducirse a su mínima expresión. Reformula el "espectador promedio" de Hume hacia el "espectador imparcial", que desarrolla un nuevo tipo de conciencia en cada hombre, distinta a la voz de Dios. La conocida mano invisible del mercado, el profesor Martínez-Echevarría la estudia desde el punto de vista de la necesaria armonía de intereses que deben regir los mercados, de forma que la intervención del Estado sea mínima. Es esencial la referencia a la libertad que debe regir la sociedad, para que se aglutine un orden social que permita que los ciudadanos se dediquen al comercio y la generación de riqueza.

En el estudio de la obra cumbre del nacimiento de la economía como ciencia, pocas veces se reflexiona, como se hace en este texto, sobre cómo en el equilibrio del mercado analizado por los economistas clásicos en general, y por Adam Smith en particular, no existe ninguna referencia a la mejora de las personas que conforman el mercado. Desde mi punto de vista, esta reflexión es básica, especialmente en un entorno económico y político como el actual, en el que desde algunos sectores se denosta su acción, olvidándose de que el mercado carece de voluntad, y son precisamente los agentes económicos que lo conforman quienes pueden introducir elementos de mejora o no de la economía y del propio mercado.

Respecto al análisis sobre la organización del trabajo, se recuerda la confusión entre la división del trabajo en fases, con la eficacia global de la organización de éste. De nuevo, ésta es una reflexión de plena actualidad.

Indudablemente existe una clara conexión entre la visión marxista del trabajo y su aportación al precio de las cosas, y el enfoque clásico de la teoría del valor trabajo. El rol de la utilidad y la paradoja del valor tienen muchos puntos en común con la economía marxista, si bien Adam Smith desarrolla y describe los elementos determinantes del valor de uso y valor de cambio en la determinación de los precios de las cosas. En todo caso, el planteamiento principal de Adam Smith se separó de la teoría económica mercantilista al considerar que la riqueza de una nación provenía del trabajo y no de la acumulación de metales preciosos.

Fisiocracia y racionalismo

A lo largo de la historia, la mayoría de las doctrinas económicas surgen como reacción a la época inmediatamente anterior, y así ocurre con los fisiócratas, liderados por François Quesnay. La defensa del poder absoluto y su compatibilidad con la propiedad privada y la libertad de los individuos se sustenta sobre la percepción subjetiva de la felicidad, que conjuga con las leyes deterministas de la naturaleza. De hecho, las leyes naturales o científicas constituían el fundamento de los mercados a juicio de los fisiócratas.

En este apartado se hace una conexión entre la fisiocracia y Descartes –muy oportuna- al afirmar que "así como para Descartes el conocimiento requería reducir todo a extensión y número, conceptos universales y abstractos, para los fisiócratas, la sociedad ideal sería aquella en la que todo pudiera ser reducido a cantidad monetaria, algo también universal y abstracto".

La propuesta fisiocrática de transformación de la economía francesa, confiriendo primacía a la explotación agrícola, está de plena actualidad, de nuevo, en España, donde un componente importantísimo de la inflación es la subida de los precios de los bienes agrícolas. La racionalización de las técnicas agrarias, el impulso de la productividad y la venta de los excedentes al exterior, son medidas de política económica sobre las que no parece haber pasado el tiempo. Cuestión aparte es cómo hacer rentable, cuatro siglos después, un sector primario tan poco valorado socialmente como imprescindible en una economía como la española, centrada en los servicios.

Análisis económico de David Ricardo

De la misma forma que Adam Smith, David Ricardo consideraba que la economía era política, y la intervención pública impedía el mejor desarrollo. El "equilibrio natural" se conseguía desde un sistema mecánico y, como indica el texto, las *leyes de la economía tan fijas e inalterables como las de la mecánica de Newton.* Es ésta una de las reflexiones directamente conectadas con el título del libro.

Como no puede ser de otra forma, se destaca el enfoque normativo de la economía desde el "deber ser" aportado por Ricardo, según el que en el largo plazo el resultado final de equilibrio era lo verdaderamente importante. La diferencia entre la economía normativa, introducida por David Ricardo, y la economía positiva, constituye hoy en día un apartado básico en cualquiera de los textos de teoría económica. En este análisis se prescinde del efecto de la moneda, pues era la forma de analizar las consecuencias económicas de la "economía real", para lo que no se levantaba el "velo monetario".

Y de nuevo, a su juicio, el valor de las cosas estaba determinado por la cantidad de trabajo aportado en el proceso de producción, si bien también se tenía en consideración la remuneración del capital físico. Y no sólo el trabajo era fuente de valor, sino que, en ocasiones, el valor dependía de su escasez. Y la demanda de las cosas venía determinada por el volumen de producción que pudiera realizarse con los recursos disponibles, de forma que no se podía dar exceso de demanda ni de oferta. Algo difícil de demostrar, por cierto.

La economía benthamita

El utilitarismo de Jeremy Bentham no siempre ha sido bien interpretado, y en este libro se alude a la estructura de la felicidad de cada individuo para *determinar la composición de los mayores placeres posibles que pueden experimentar.* Y es que, si alguna sociedad puede entender el sentido de la felicidad, sin conocer lo que verdaderamente nos hace ser felices, es la civilización occidental del siglo XXI. Sin embargo, el filósofo, jurista y economista del siglo XVIII supo -superando el pesimismo de Hume- describir el valor de la utilidad a través del conocido como mapa de indiferencia, en el que los consumidores son capaces de ordenar sus preferencias. Toda una hoja de ruta para cualquier persona que conozca el coste de oportunidad de sus decisiones. Cuestión aparte son las limitaciones metodológicas introducidas en las hipótesis de partida, para que la teoría margnalista pueda justificar la consecución de un equilibrio en el mercado entre la curva de utilidad y la recta de balance, por no hablar de las infinitas posibilidades de sustituibilidad entre bienes, de manera que no se pueda afirmar la convexidad de las curvas de utilidad o el sentido decreciente de la utilidad marginal de las cosas, tan explotado por algunos estudiosos de la economía pública.

El profesor Martínez-Echevarría estructura el pensamiento metodológico de Bentham en tres puntos básicos como son los placeres individuales, que sólo pueden ser subjetivos; en segundo lugar, es cuestionable la homogeneidad de los placeres de los individuos (en plena coherencia con la libertad individual); y en tercer término, existe algún procedimiento en virtud del cual la utilidad se puede medir, punto extraordinariamente controvertido, aunque inmerso en la vida de los ciudadanos.

Desde mi punto de vista, la teoría benthamita ha sido muy duramente criticada, especialmente por algunos sectores sociales y económicos que perciben la satisfacción como una compensación lesiva para el ánimo de las personas, cuando el razonamiento es exactamente el contrario. Aquellas labores nobles que reportan satisfacción al individuo suponen un estímulo para la mejora de la acción humana. Y, al igual que en el funcionamiento del mercado, el bien o el mal están en la intención de las personas, según hagan un uso debido o no de su libertad. Pero se hace duro afirmar que detrás de las acciones que reportan satisfacción al individuo haya necesariamente un mal, pues es tanto como eliminar una parte importante de la curva de demanda como son los gustos o preferencias, que estimulan el crecimiento económico a través de una expansión de la demanda, como posteriormente desarrollaría J.S. Mill.

Etología y economía: John Stuart Mill, Jevons y Edgeworth

El papel de las decisiones individuales en la formación de los precios constituyó uno de los pilares de la teoría económica de J.S. Mill. La libertad individual que impregna la toma de decisiones, a su juicio, era compatible con la intervención del Estado, siempre que no impidiera la libertad individual. De nuevo, una premisa de plena actualidad en la sociedad occidental.

Desde esta perspectiva individualista Jevons desarrolla su teoría sobre la utilidad ordinal, convencido de que los fenómenos psicológicos pueden ser reducidos a fisiológicos. En su creencia en que la ciencia económica puede considerarse como un "mecanismo reactivo", afirmaba que la economía es una ciencia tan exacta como la física matemática. Pero su aportación más relevante al campo de la microeconomía es la definición del mapa de indiferencia en el que, a través de las curvas de utilidad los individuos pueden conseguir un punto de equilibrio en el consumo de los bienes, pues considera la utilidad como uno de los componentes de la curva de demanda.

Para Edgeworth el proceso de formación de los precios es la consecuencia de una continua negociación entre los individuos y la maximización de la utilidad, conseguida en el punto de equilibrio, se guía por el principio de "mínima acción", pues desarrolló una teoría matemática para llegar al equilibrio a través de su conocida caja, que Pareto utilizaría en sus estudios sobre el equilibrio y la eficiencia.

El equilibrio general de Walras

Alejándose del resto de los economistas británicos, el análisis del equilibrio general acometido por Walras, no contemplaba el estudio empírico, para centrarse en cuáles son las condiciones matemáticas necesarias para alcanzar un máximo de satisfacción. Los mercados podrían estar en equilibrio en un sistema de intercambio en el que los individuos busquen su propia satisfacción. El entramado metodológico de Walras contaba con tres niveles; la economía pura (la única susceptible de tratamiento científico), la economía aplicada y la economía social. Los individuos son libres en el equilibrio general, pues disponen de la misma información y se guían por los mismos precios. De nuevo, se evidencia la importancia de la libertad y del conocimiento cierto para que el mercado pueda funcionar correctamente.

Intervencionismo y macroeconomía

Es especialmente relevante la referencia al intervencionismo y al liberalismo desde la óptica macroeconómica. La clásica oposición entre la Escuela Liberal y la Teoría Keynesiana, se trata desde una consideración poco común, y es la confluencia de ambas escuelas en el estudio de las expectativas, y cómo ejercen influencia en las decisiones económicas. Mientras Friedman creía que el propio mercado se encargaría de estabilizar las expectativas sobre la base de la experiencia vivida, Keynes consideraba necesaria la intervención pública, ya que el *laissez faire* estaba superado. De nuevo, en este análisis, el profesor

Martínez-Echevarría recurre a los análisis económicos de Cagan, como formalización matemática de las ideas de Friedman. Indudablemente, el mercado monetario se ve influido por las previsiones –acertadas o no- de los agentes económicos, e influyen, no sólo en la oferta monetaria y en la inflación, sino en la conformación de los salarios. La teoría de la renta permanente de Friedman está presente a lo largo de todo el análisis.

El contraste entre la economía liberal y la política intervencionista, avanza en su visión teórica hasta comienzos del siglo XX. La teoría del equilibrio general de Walras se conecta con la conocida como "teoría de juegos" de Nash, para concluir que una de las principales hipótesis del funcionamiento del mercado en competencia perfecta se hace imprescindible en el proceso de toma de decisiones, como es la necesidad de contar con una información veraz. Las aportaciones de Nash, básicas en la teoría de la negociación, ponen de manifiesto cómo puede llegarse a un punto de equilibrio de suma cero con individuos que sean exclusivamente egoístas, puramente altruistas o muestren inclinación al rencor o a la justicia, siempre que se consiga un juego de suma cero en el proceso de resolución de conflictos.

Sin información perfecta, los individuos no podrán tomar decisiones adecuadas. Y esta premisa se conecta con el conocido como "teorema de la imposibilidad" de Arrow, que va más allá en su análisis, pues demuestra cómo en la elección social, el orden en el que se muestran las opciones a los ciudadanos es decisivo en el proceso de toma de decisiones. Y, según se muestren las alternativas en una secuencia u otra, las decisiones de los ciudadanos pueden ser diferentes. Esta "manipulación desde fuera", descrita por Arrow y Debreu se describe como un concepto estático de racionalidad en el proceso utilitarista de toma de decisiones. La solución de Bernouilli, que no resuelve la paradoja sin embargo, ha servido a los legisladores para justificar la progresividad impositiva, sobre la base de la utilidad marginal decreciente del dinero.

Conclusiones

El completo análisis histórico contenido en este libro refleja, no sólo el amplísimo conocimiento de la economía como ciencia del autor, sino el carácter multidisciplinar de la misma. Cuando un académico ha viajado desde otras fuentes del conocimiento hacia la economía, la visión que aportan sus investigaciones es mucho más rica que la de un economista monolítico, ya que su formación académica le facilita un colorido difícil de conseguir para quienes sólo estudiamos macro o microeconomía en cualquiera de sus acepciones. Y en el caso del profesor Martínez-Echevarría la visión antropológica de las personas, que en definitiva son los únicos agentes económicos, evidencia cómo la economía y el humanismo son las dos caras de la misma moneda. Y la acción humana tiene un poder transformador en la sociedad, sin que la búsqueda del bien social, con la legítima maximización del beneficio perseguido por el empresario, o la obtención del máximo bienestar por parte de consumidor, sean objetivos incompatibles.

Otro de los aspectos relevantes del texto es el carácter predictivo de la economía, que se trata desde un hondo conocimiento matemático, estadístico y econométrico por parte del autor, sin perder de vista, de nuevo, la perspectiva humanista.

En este repaso a la historia del pensamiento económico se hace un completísimo estudio de los principales economistas que aportaron una importante fuente de conocimiento a la microeconomía y que, a tenor de las restrictivas hipótesis de partida que establecían en sus postulados, no son plenamente aplicables a la economía real dos o tres siglos después. No obstante, este repaso finamente hilado de las principales ideas económicas permite que el lector conciba la economía como un nexo de unión entre la sociedad y el Estado, como indica el título de la obra.

Respecto a la hoy conocida como teoría de la elección social, el libro cubre gran parte de las aportaciones hechas a la macroeconomía por parte de los economistas más representativos. Y se evidencia cómo los postulados rawlsianos sobre la equidad distributiva, que tuvieron un gran eco en un momento, fueron superados, ya que hoy en día son perfectamente compatibles las políticas que impulsen una equitativa distribución de la renta con las medidas de política económica dirigidas a potenciar el crecimiento económico.

La lectura de este libro, para los amantes de la economía y para aquellos que quieran ahondar en el estudio de la ciencia económica, es muy recomendable, no sólo por el completo repaso que se hace de la historia del pensamiento económico, sino porque aporta una visión integral de los principales hitos de la economía como ciencia, al conjugar aspectos sociales, antropológicos e históricos, muy difíciles de encontrar en la literatura económica actual.

II. CRISTIANISMO Y TEORÍA ECONÓMICA

EL SENTIDO ECONÓMICO

*MIGUEL ÁNGEL MARTÍNEZ LÓPEZ**

En primer lugar, quiero agradecer al profesor Martínez-Echevarría el esfuerzo didáctico de la obra y a Fernando Fernández el que me haya obligado a leerla, porque para un simple aficionado al pensamiento económico, como es mi caso, la amplitud y profundidad del temario hubiera supuesto una barrera disuasoria.

La participación en este seminario bibliográfico ha sido una inestimable motivación por la que estoy muy agradecido porque la lectura ha sido muy provechosa. Me quedan algunas preguntas, seguramente propias del alumno poco avispado, que expondré al final de esta intervención.

Durante la lectura del libro me ha venido a la cabeza repetidamente un viejo artículo del economista Ernst Friedrich Schumacher titulado *La economía budista*[1]. En ese artículo el autor

---

* Ingeniero y escritor

[1] Incluido posteriormente en el libro *Lo pequeño es hermoso* (1973), editado en España por Tursen / Hermann Blume.

viene a decir que la afirmación de que algo es conveniente o no según su *sentido económico* es algo fundamentalmente incorrecto, porque en la economía, el sentido no está en lo económico, el sentido viene de fuera de lo económico. El sentido económico, simplemente no existe.

En mi carrera profesional, muchas veces he tenido que presentar propuestas de inversión a un comité de inversiones, la mayoría fueron aprobadas, otras rechazadas.

Casi todas las rechazadas se desestimaron con el argumento de que carecían de *sentido económico*, normalmente porque los parámetros de retorno de la inversión no encajaban con los objetivos de rentabilidad de la compañía en ese momento, pero ¿de dónde salían esos objetivos? ¿Eran fruto de la simple aplicación de la eficiencia económica (como el beneficio o la rentabilidad)? No, más bien respondían a compromisos con algunos índices financieros de moda en ese momento (ROI, payback, ROCE, ROE…) utilizados por los analistas de los grandes mercados bursátiles para valorar el precio de la acción. El sentido venía del valor de la acción, no de la actividad empresarial de la compañía, no de las ventas ni del beneficio.

Los mismos financieros que habían rechazado esas inversiones por su falta de *sentido económico* se iban luego a comer a un restaurante caro, algo que, por cierto, carece totalmente de *sentido económico*. Si la elección del restaurante caro fuera a un comité de inversiones se rechazaría, porque el mismo aporte de vitaminas, proteínas, hidratos y minerales puede conseguirse de forma mucho más barata, rápida y eficaz en un restaurante con menú del día.

Recuerdo a un profesor de dirección financiera en el Instituto de Empresa que decía que un director financiero tiene que tomar una decisión importante para su gestión: si prefiere comer bien o dormir bien, porque las dos cosas a la vez son imposibles. Ese es en parte el *sentido económico*.

E.F. Schumacher (1911-1977), citado anteriormente, fue un personaje curioso, alumno aventajado de Keynes, posteriormente simpatizante del comunismo (que acabó decepcionándole profundamente). Más tarde encontró inspiración en el budismo, visitando Birmania a finales de los cincuenta como miembro del Consejo del Carbón Británico para asesorar al país sobre su transformación económica.

De esta época birmana vienen sus reflexiones sobre la economía budista. Para él, no puede desarrollarse un modelo económico basado en los valores modernos de la cultura occidental en una sociedad con otro marco cultural muy diferente, el de la religión budista. La religión y su influencia en la cultura aporta directrices claras (esto es, sentido) a las acciones humanas, y por tanto a la economía.

A su regreso a Inglaterra, comenzó a explorar las raíces religiosas y filosóficas de la economía occidental y eso le llevó a santo Tomás, san Agustín y a los místicos españoles. Un amigo le pasó algunos textos de la Doctrina Social de la Iglesia, lo que supuso para él un descubrimiento inspirador, una respuesta a su búsqueda de una *economía a la medida del ser humano*. Este camino le llevó a la Iglesia Católica, bautizándose en 1971[2] (seis años antes de su muerte).

Que un economista haya encontrado la fe gracias a la DSI es algo remarcable y estimulante para este grupo de trabajo. Tengámoslo en cuenta.

Pero, si el sentido de lo económico, y por extensión también de lo político, viene de la cultura, ¿qué es exactamente la cultura?

---

[2] Como cuenta Joseph Pearce en *Escritores Conversos*, Palabra 2009.

La cultura

Les propongo una definición operativa que puede ayudar en esta reflexión. Yo entiendo que la cultura es una escala de valores compartida en una comunidad.

Todos tenemos nuestra escala de valores personal que ilumina nuestras decisiones, una lista de valores ordenada por su prioridad, por su importancia. Cuando dos posibilidades entran en conflicto, nuestra escala de valores ilumina lo que es más importante y prioritario, facilitando la toma de decisiones. Muchos de estos valores los compartimos con nuestra comunidad familiar, que puede ser algo diferente a la de las familias que nos rodean, configurando una constelación de culturas familiares.

A su vez, el común denominador de estas culturas familiares configurará la cultura del barrio, del pueblo y de la ciudad en la que vivimos. También de las empresas y negocios que compartimos. Los valores más populares conformarán una cultura regional y nacional, incluso continental.

Una misma persona puede compartir varias culturas a distintos niveles con distintos conceptos o en distinto orden.

Los distintos círculos sociales en los que estamos implicados propiciarán que compartamos diversas escalas de valores, más o menos compatibles entre sí. En la medida en que esa integración sea armónica, nos sentiremos más plenamente integrados, si no, nos consideraremos desplazados o marginados. Si en España no te gusta el fútbol... ya se sabe.

Este concepto o definición de cultura engrana perfectamente con el principio de organicidad de la Doctrina Social de la Iglesia. La diversidad de composición y jerarquías de estas configuraciones culturales será una manifestación de riqueza social. Su armonización, facilitará la vida en común y el desarrollo como comunidad.

La cultura se alimenta de la religión, la fe o no fe de los miembros de la comunidad definirán los valores sagrados que ocuparán los escalones más altos de la escala de valores.

También de la filosofía, especialmente de la antropología, que recoge las aspiraciones del *deber-ser* que inspirarán los bienes irrenunciables o deseables, los objetivos de la virtud moral.

La tercera fuente que conforma la cultura es la experiencia histórica que recordará éxitos y errores pasados. Estas experiencias reevalúan el grado de importancia de algunos aspectos de cara al futuro (por ejemplo, la experiencia de una agresión militar de un país vecino elevará el valor de las capacidades defensivas a lo más alto de la escala de valores).

El arte, en este contexto, se puede entender como la cristalización de la cultura, obras creativas que fijan esa escala de valores de forma estética y simbólica.

Cuando he aludido con anterioridad a la virtud moral, me quiero referir al sentido de la virtud que da MacIntyre en *Tras la virtud* (1984). Según este autor, el hombre se encuentra en su realidad presente (lo que es) añorando un bien inscrito en su naturaleza (lo que debe ser). La virtud es el camino que le lleva de lo primero a lo segundo, de lo que eres a lo que debes ser. El problema es que la modernidad (el luteranismo), eliminó el objetivo (el deber ser es inalcanzable) y la virtud se tuvo que reducir a normas sociales para posibilitar la convivencia y no matarnos unos a otros (la urbanidad). En los últimos siglos, esa virtud social se empezó a percibir como una imposición insoportable y sin sentido. La opción es convertir el deseo individual en el bien supremo, la virtud consistiría en la eliminación de limitaciones (la espontaneidad).

Con este sentido actual de virtud, la cultura se convierte en algo inviable, no hay nada que podamos poner en común. Es necesario volver a recuperar un modelo antropológico sólido, un ideal de ser humano que valga la pena compartir.

Cultura y economía

Por tanto, la cultura así entendida, esa compartida escala de valores, es fuente de sentido porque contiene la definición del bien común, que debe ordenar la economía y la política, como enseña la Doctrina Social de la Iglesia.

Esta relación cultura–economía–política está presente implícita y explícitamente a lo largo del texto del libro que nos ocupa, que el profesor Martínez-Echevarría bien podría haber subtitulado *La economía en busca de sentido*, con el permiso del señor Viktor Frankl, y que leído en esa clave me sugiere varias preguntas. Aspectos que no acabo de entender y que me gustaría exponer al autor.

Preguntas

El libro deja clara la ruptura brutal que supone el luteranismo y sus secuelas en la cultura europea, y el texto profundiza en el pensamiento económico que se forma a partir de esta nueva forma de entender el ser humano desde el pesimismo antropológico del pensamiento protestante.

Esa forma de pensar se extiende por la Europa protestante, pero ¿qué ocurre bajo el pensamiento católico? ¿No hay pensamiento económico basado en la cultura católica que permanece en casi media Europa? ¿No son fruto de esa cultura experiencias como el Derecho Internacional (impulsado por Francisco de Vitoria, +1546), los Montes de Piedad (creados por los franciscanos en el s.XV, desarrollados en España a partir de 1740), el Instituto Nacional de

Previsión (creado por Antonio Maura en 1908, cuando Keynes tenía apenas 25 años), la experiencia cooperativista (desde mediados del XIX, Mondragón 1956, etc.), por poner ejemplos diversos? ¿Qué pensamiento ha alimentado estas iniciativas? ¿No ha habido ningún fruto en el pensamiento económico a partir de la antropología inspirada por la Doctrina Social de la Iglesia? Si es así, ¿por qué esta poca influencia en la teoría económica?

Abriendo la perspectiva, pero siguiendo esa ruptura cultural surgida del luteranismo, ¿cree el autor que es posible un desarrollo político y económico europeo si Europa está dividida por concepciones antropológicas opuestas? ¿Es posible una unión económica y política que no sea una rendición a los valores culturales de la Europa protestante?

Y yendo hacia un mundo globalizado, ¿es posible un modelo económico mundial y al mismo tiempo respetuoso con las distintas visiones antropológicas, incluyendo católicos, protestantes, musulmanes, budistas, ateos, animistas...?

Espero impaciente las respuestas del autor.

Muchas gracias.

FRANCISCO DE VITORIA Y LA ÉTICA ECONÓMICA

JOSÉ CARLOS MARTÍN DE LA HOZ[*]

El catedrático emérito de la Facultad de Ciencias Económicas de la Universidad de Navarra, profesor Miguel Alfonso Martínez Echevarría, ha publicado hace ya unos meses un verdadero manual de economía y política que ha producido impacto en la comunidad científica[1].

En ese extenso trabajo se recogen muchas reflexiones, lecturas y una amplia experiencia académica y empresarial, acumulados tras muchos años de dedicación a la docencia e investigación en el campus de Pamplona de la Universidad de Navarra y, ahora ya retirado en la ciudad de Málaga, ha podido dedicar el suficiente tiempo para redactar y ordenar esa documentación en un magnífico manual.

Precisamente, hace unos meses, en Málaga, tuve la oportunidad de hablar tranquilamente en su casa con el profesor

---

[*] Academia de Historia Eclesiástica. Madrid

[1] M.A. Martínez Echevarría, *La economía entre la sociedad y el estado*, Eunsa, Pamplona 2022, 560 pgs.

Miguel Alfonso Martínez Echevarría sobre el libro para agradecerle el trabajo realizado y sugerirle algunas cuestiones que pudieran completarse en sucesivas ediciones.

En concreto, pude encomiarle el pensamiento y actualidad del dominico Francisco de Vitoria, fundador de la Escuela de Salamanca, al que apenas se le dedica el espacio merecido y el tiempo necesario en ese rico manual. El mismo profesor Martínez Echevarría fue el que movió los hilos para que el incansable Fernando Fernández me invitara a participar en esta sesión del Seminario bibliográfico de AEDOS, cuyos resultados quedan recogidos en estas actas.

A la vista de lo que hemos escuchado en este XXIX Seminario permanente del capítulo económico de AEDOS y del contenido del libro que ahora comentamos, me parece más urgente que nunca publicar muchas fuentes inéditas para el servicio de los investigadores, tal y como vislumbramos en esta casa de la Universidad de Comillas, con Francisco Gómez Camacho.

Es decir, sigue siendo muy necesario poner al alcance de un amplio público interesado en la materia, la enorme y valiosa serie de escritos, documentos, dictámenes, manuales de confesores, tratados de "Iustitia et iure", de mercados, de contabilidad, filosofía moral, etc.

Indudablemente, es necesario que la comunidad investigadora pueda acceder en textos bilingües, y pueda leer este valioso filón de maestros de moral económica del Siglo XVI y, por supuesto, de la gran pléyade de discípulos.

Basta con asomarse a los catálogos de la Biblioteca Nacional de España en Madrid, de la Universidad de Sevilla, Barcelona, Diputación de Pamplona, Universidad de Valencia, Colegio del Patriarca, y un largo etc., para descubrir en los fondos un ingente número de obras y de autores.

Actualidad de la Escuela de Salamanca

Indudablemente, la actualidad de los estudios de la Escuela de Salamanca ha seguido plenamente en auge desde que el profesor Fernando Piñero, un sacerdote colombiano, redactara su tesis doctoral sobre estos temas y temáticas en la Universidad de Navarra acerca de la Escuela de Salamanca en Pamplona en 1981.

La obra magna sobre la Escuela de Salamanca la redactó el profesor Juan Belda[2], emérito de la Facultad de Teología de la Universidad de Navarra en el año 2000 y sigue siendo un trabajo de referencia obligada, pues en él se contiene una obra monumental que recoge la investigación de toda una vida y de muchas tesis doctorales realizadas por muchos jóvenes investigadores.

Lógicamente, en la obra de Juan Belda se tratan todas las facetas y los grandes autores y, por supuesto, las grandes aportaciones de la Escuela de Salamanca al mundo de la teología, filosofía, derecho, economía y antropología que entonces se entrelazaban y corrían paralelamente iluminando tantas facetas de la vida corriente.

Precisamente, la abundancia de tratados sobre moral económica del siglo XVI y las sumas de confesores indican la importancia que se le atribuía a la materia en la época y la necesidad de la formación de las conciencias de los mercaderes y de los estudiosos del momento.

Precisamente, hace unos años descubrimos en la Biblioteca Nacional un libro hermosamente encuadernado que recogía cinco obras de temas de filosofía moral centrados en los mercados, contabilidad, usura, etc. Correspondían a cuatro autores que se consideran discípulos de la Escuela de Salamanca y que

---

[2] La bibliografía sobre Francisco de Vitoria es ingente. Puede consultarse J, Belda, *La Escuela de Salamanca*, Madrid 2000, pgs. 313-390.

escriben para formar la conciencia de los confesores y, en última instancia, de la amplia comunidad de mercaderes de Castilla.

La edición de esas obras y la introducción de las mismas corrió a cargo de grandes especialistas en la materia y han aportado textos que son de gran interés para la actualidad en la larga historia de la economía y , por supuesto, de la historia de la moral o filosofía económica[3].

El enfoque de estos autores expresa con toda claridad la mentalidad de Francisco de Vitoria (1483-1546) y de sus seguidores que consideraban a los mercaderes como unos cristianos más, es más, como responsables del bienestar de la familia y de la sociedad y, por tanto, son exaltadas como personas dignas que contribuyen indudablemente al bien común.

Lógicamente, las referencias que pesaban en las conciencias de los predicadores y de los mercaderes, eran las constantes citas en sermones y manuales de confesores de las palabras del texto del Evangelio: "Es más fácil que un camello pase por el ojo de una aguja, que un rico entre en el reino de los cielos" (Mt 19, 23). Indudablemente, todavía hoy y para siempre, esas palabras mantienen pleno vigor y actualidad.

---

[3] Remitimos al lector a las recientes ediciones que hemos publicado en la Universidad Católica de Ávila. Cfr. Luis de Alcalá, OFM, *Tratado de los Préstamos*, edición crítica de J.C. Martín de la Hoz, Universidad Católica de Ávila, Ávila 2021; Diego del Castillo, *Tratado de Cuentas*, edición crítica de J. C. Martín de la Hoz y F. Gómez Camacho, Universidad Católica de Ávila, Ávila 2021; Luis Saravia de la Calle, *Instrucción de Mercaderes y Tratado de Cambios*, edición crítica de J.C. Martín de la Hoz y L. Gómez Rivas, Universidad Católica de Ávila, Ávila 2019; Cristóbal de Villalón, *Tratado de cambios y contrataciones*, edición crítica de J.C. Martín de la Hoz y L. Gómez Rivas, Universidad Católica de Ávila, Ávila 2019.

Que sea muy fácil que se apegaran al dinero y que buscaran el beneficio económico más allá de lo razonable, no quiere decir, como afirmaba Lutero, que estuviera ni prohibido ni que se considerara en el campo católico que el hombre estaba corrompido en su naturaleza.

Es más, este campo de la moral económica manifiesta la esperanza con la que los moralistas de la Escuela acometían la formación de las conciencias de los mercaderes de su tiempo.

Asimismo, estos autores valoraban el ayuno, la limosna y la oración, prácticas muy recomendadas en la Iglesia como obras de misericordia, que favorecían la penitencia de los cristianos de su tiempo.

Es más, según Bartolomé de Albornoz, en su *Arte de los contractos*, los mercaderes eran esenciales para la sociedad pues llevaban las noticias de los reinos y transportaban lo que sobraba en un sitio a lugares donde faltaba, con un gran esfuerzo humano sin egoísmos.

Precisamente estamos actualmente trabajando con un grupo de investigación en la Universidad Francisco de Vitoria en la edición de la obra en dos volúmenes de Juan de Medina[4] el que fuera catedrático de Artes en la Universidad de Alcalá, discípulo de Domingo de Soto y el primer autor que redacta un completo manual de moral económica, donde para llegar a los contratos y la usura, previamente estudiará la penitencia, la confesión, la limosna, la oración, etc.

La paz de los caminos

Precisamente, la llegada constante del oro y la plata de América durante todo el siglo XVI a la torre del Oro de Sevilla,

---

[4] Juan de Medina, *Tractatus de contratos*, Salamanca 1546, 2 vol.

indicaba que las rutas del Atlántico funcionaron a lo largo de todo el siglo. Como ha explicado Hamilton fueron muchos miles de toneladas las correspondientes al quinto real, luego mucho más llegaría al pueblo[5]. Ya llegarían los siglos siguientes cuando el caribe se pobló de piratas y se desencadenaron las disputas de España con Francia, Holanda e Inglaterra para mantener el monopolio del comercio con América.

El siglo XVI, por tanto, fue un siglo donde gracias al quinto real la corona española dispuso en tiempos de Carlos V, Felipe II y Felipe III, del metal suficiente para pagar deudas, limpiar los caminos y llevar a cabo las guerras necesarias para mantener despejados los caminos de Europa.

Las ferias europeas quedaron sencillamente interconectadas y, por tanto, el dinero, las divisas, los objetos, telas, cristalería empezaron a circular en un particular calendario que interconectaba el comercio de todas las grandes ciudades de Europa. Se circulaba libremente y llegaban noticias y objetos de todas partes.

Por otra parte, de América llegaban peticiones de todo tipo, pues la vida española se reproducía en América como se puede observar hoy día, por ejemplo, en la Ciudad de la Antigua en Guatemala, donde los encalados de las casas, los retablos, patios, flores, imaginería, el botijo, o las alfombras recuerdan las casas y los patios de Cádiz como si se hubieran llevado todo más allá del Atlántico.

Eso quiere decir que durante un siglo los barcos llegaban llenos de metal y volvían llenos de cosas y de personas de modo que los habitantes de Sevilla, por ejemplo, se hacían

---

[5] Cfr. E. Hamilton, *El tesoro americano y la revolución de precios en España (1501-1650)*, Barcelona 1975, pgs. 23 y ss.

cargo de pedir a los mercaderes que tuvieran preparados los encargos que recibían de familiares y amigos de América, adelantaban el dinero que llegaba puntualmente en el siguiente barco.

Lógicamente el aumento de la producción en toda Europa para abastecer al mercado americano produjo un flujo económico de gran envergadura en una suerte de verdadera globalización del mercado.

Aumentar las exportaciones era lógicamente crear empleo, dar salida a las materias primas y además se comenzó a aprobar una nueva manera de dinamizar la economía a través de esas comisiones a un bajo interés[6].

No entraremos a discutir cómo en el siglo siguiente, mientras Europa había crecido desmesuradamente, en España comenzaba una inflación galopante que tardaría tiempo en controlarse[7].

El hecho de que hubiera pocos naufragios y que el oro y la plata llegaran puntualmente durante todo un siglo produce un optimismo y confianza económica y una revalorización del oficio de mercader. Es decir, las exportaciones se pagaban y bien, por lo que había seguridad.

Por otra parte, a América se trasladaron muchas personas, bien es verdad que para los puestos clave: arzobispos y obispos, superiores de órdenes y congregaciones religiosas, deanes de catedral y en el plano civil, presidentes y oidores de las Audiencias, virreyes, gobernadores.

---

[6] El profesor Muñoz de Juana recuerda que en ese período había "una intensificación de la actividad crediticia y especulativa que presionaba sobre las reglas morales tradicionales acerca de la usura". R. Muñoz de Juana, *Moral y economía en la obra de Martín de Azpilcueta*, Eunsa, Pamplona 1988, pg. 15.

[7] J.L. Cendejas Bueno, *Francisco de Vitoria sobre justicia, economía y dominio*, Universidad Francisco de Vitoria, Madrid 2020, pg. 35.

En cambio, el pueblo llano y clero regular y secular, debía superar un examen de vida, de linaje y de buenas costumbres en el pueblo cristiano y de exámenes de fe y vida en el caso del clero. Era claro que tras las quejas de los prelados expresados al consejo de Indias y al Romano Pontífice, estaba el problema del buen ejemplo que debían dar a los naturales, verdaderos neófitos en la fe.

Los nuevos préstamos

Es interesante que coincidan dos fechas importantes en el mismo año: el descubrimiento de América y la apertura de una nueva ruta comercial que convirtió el mundo en una aldea global.

Y no es menos sugestivo comprobar que ninguno de los grandes juristas del siglo XVI que puede consultarse, por ejemplo, en la Biblioteca Nacional de España en Madrid, deja de abordar el problema de los préstamos usurarios y, además, con argumentos y aplicaciones muy parecidos, pues en aquella época estaba a la orden del día escribir teniendo en cuenta lo tratado por el resto de los autores, incluso sin citarlos, que habían abordado ya esa materia[8].

La usura directa o indirecta estaba condenada en todos los órdenes de la vida de la época, tanto por el derecho civil y el canónico, por todas las tradiciones jurídicas locales y,

---

[8] "Utrum sola spes recipiendi ultra fortem faciar usurarium" Angelus Clavasio OFM, *Summa casus conscientiae et vitiorum*, Taurinorum 1551, fol. 348v. a lo que añade: "unomodo principaliter ita quod non mutuaret nisi lucrum inde speraret et nunc usurarium est". Ibid.

además, en todas las naciones de la cultura occidental y en cualquiera de los reinos cristianos[9].

Precisamente Cayetano, el gran comentarista de santo Tomás, aclaraba que era pecado no solo porque estaba prohibido por la ley de Dios, sino porque iba en contra de la razón como afirma Aristóteles[10]. Además, era un pecado muy dañino porque podía provocar graves desórdenes sociales[11].

En segundo lugar, con la expulsión de los judíos de España y de su vasto imperio se materializa la supresión del régimen de préstamos usurarios en Europa, pues los judíos terminarán algunos en los Estados Pontificios y el resto en tierras de los infieles y tierras de berbería.

La salida de los judíos de Europa significaba un cambio en el motor de la economía pues los préstamos usurarios que realizaban los judíos con los cristianos, algunos de ellos hasta del 200%, fueron eliminados definitivamente.

Asimismo, con esa desaparición y con la expulsión de los judíos, terminaron los asaltos a las juderías, que se realizaban desde finales del siglo XIV periódicamente, no por racismo, xenofobia, robos o violencia contra hombres y mujeres, sino sencillamente para quemar los libros de cuentas que guardaban esos judíos con las que muchos cristianos vivían esclavizados.

---

[9] Además, estaba penada con la pena de restitución para recuperar la gracia de Dios. Cfr. Petrus de Aragon, *Commentarium II-II*, Lugduni 1507, q. 78. a.3.

[10] Aristóteles, *Política*, 1, cfr. Tomás de Vío Cayetano, *Opuscula Omnia*, *Taurinorum* 1582, *Quodlibetales* 3, q.7, a.19, de usura, p. 39, col. 2.

[11] "Tota Ecclesia idem com scholasticis docuit ac docet in doctrina de usuris. Usura, etiam a negotiatoribus ac divitibus exacta, damnatur". Petrus Vallarino, *De iure divino et naturale circa usuram, libri sex*, Bononiae 1747, vol. 1, lib. 4, cap. 6, &2, p. 185.

La desaparición de la usura[12] se sustituyó mediante la aparición de miles de préstamos en precario a bajo interés, lo que ahora conocemos por comisión y que se daban con tanta naturalidad y entre tantos amigos, vecinos y parientes que exclamará Keynes que el éxito del desarrollo económico en la Europa del siglo XVI estribaba en que los escolásticos españoles mantuvieron bajos los tipos de interés.

En efecto, ya Santo Tomás en la II-II de la Suma[13] había hablado de dos excepciones a la usura: el daño emergente y el lucro cesante[14]. Es decir que se admitía una pequeña comisión en un préstamo a un amigo a o familiar pues ese dinero prestado restaba beneficios al dueño (lucro cesante) durante el tiempo que estaba prestado en manos del amigo.

Asimismo, cuando alguien enviaba un dinero o mercancías, por ejemplo, en barco, cobraba una comisión por si acaso en el camino se perdía el dinero y al menos quedaba aquel dinero (daño emergente).

La vida corriente de los cristianos mercaderes de aquel tiempo, con el permiso de los confesores, moralistas y teóricos gobernantes, les llevó a inventar los préstamos en

---

[12] "Usura: la ganancia que se toma del emprestido, cuyo señorío pasa en el que la recibe y así en español la llamo logro (de lucrum en latín) que significa ganancia". Martín de Azpilcueta, *Comentario resolutorio de usuras*, Salamanca 1557, p. 6.

[13] Santo Tomás, *Suma teologica*, II-II, q.79, a.1.

[14] "Quien presta cierta cantidad de dinero al que navega o va a las ferias porque tomó sobre sí el peligro, esperando de tomar algo más de lo que prestó debe ser juzgado de usurario". Y enseguida añade: "no es usura en cuanto se llevan por solo asegurar sin tener respecto al prestar en tanta cantidad cuanto podrá llevar justamente otro que asegurase sin prestar que es nueva y significar resolución". Martín de Azpilcueta, *Comentario resolutorio de usuras*, Salamanca 1556, fol. 49.

precario que cualquiera podría hacer por un pequeño tanto por ciento de compensación[15].

Así, con toda sencillez, miles de maravedíes y de ducados en préstamos eran sustituidos por millones de préstamos de bajo interés realizados por millones de prestamistas con una pequeña comisión[16].

Hemos descubierto que uno de los volúmenes del tratado de mercados, al que hemos hecho referencia, fue examinado por la Inquisición y con toda naturalidad aplicaron el método expurgativo consistente en arrancar unas páginas. ¿Cuáles? Las que narran cómo para la adquisición de las bulas de nombramientos episcopales también los eclesiásticos pedían al agente de preces que les trajera las bulas y pagaban una cierta comisión por el transporte.

Lógicamente, las comisiones y los préstamos en precario se consideraron pertenecientes a la ley natural y, por tanto, no requerían ni demostración, ni publicación, bastaba con correr la voz que el común sentir de los mercaderes cristianos lo aprobaba y la Iglesia, asimismo, también.

Francisco de Vitoria

La primacía de la nueva doctrina jurídico-teológica aplicada a la economía siempre se le ha atribuido al giro operado por el dominico Francisco de Vitoria, catedrático de Prima Teología de la Facultad de Teología de Salamanca, al volver a leer en directo a Santo Tomás y desde el realismo y desde la dignidad de

---

[15] Misión importante de los profesores salmantinos consistirá en formar la conciencia de los mercaderes. T. López, *Mancio y Bartolomé de Medina, Tratado sobre la usura y los cambios*, Eunsa, Pamplona 1998, pg. 12-

[16] Luis de Molina, *De iustitia et iure*, Venetiis 1611, vol. 3, disputa 408, pgs. 89 y ss.

la persona humana, alumbrar los principios de la llamada filosofía moral o moderna economía, hasta reavivarla.

De todas formas, Francisco de Vitoria fue estableciendo algunos principios generales que se iban trasmitiendo, no sólo de generación en generación, sino por todos los países de Europa y, después, de América.

Indudablemente, el primero de ellos, ya lo hemos señalado es la confianza en la naturaleza humana: "La gracia no destruye la naturaleza, sino que la supone, la eleva y la vivifica"[17]. Es decir, siguiendo a santo Tomás y aplicándolo por ejemplo a los pobres de las ciudades o a los indígenas de América, subrayará la dignidad de la persona humana.

Para Bartolomé de Albornoz, discípulo de Vitoria: "Aquello que va de hacerse una cosa o dejar de hacerse es el interés"[18]. De hecho, según vaya avanzando el estudio de la cuestión, la palabra "interesse", interés, se irá convirtiendo "en el valor que media entre una y otra contraprestación y que debe de sumarse a la inferior para recomponerse el equilibrio. Esta diferencia entre usura e interés es originalmente de naturaleza, no de grado"[19] y ahora viene la definición: "interesse, id est, non lucrum, sed vitatio damni".

La dignidad de la persona humana, como imagen y semejanza de Dios atribuye un gran valor a la palabra dada:

[17] Santo Tomás, *Suma teológica*, I-II, q. 110, a. 2.

[18] Bartolomé de Albornoz, *Arte de los contractos*, Valencia 1560, lib.1, tit.4, cap. 9, fol. 10r.

[19] B. Clavero, *Religión y derecho. Mentalidades y paradigmas* en *Historia. Instituciones. Documentos*, 11 (1984), Universidad de Sevilla, pg. 70.

"Así como el consenso hace el contrato, el consenso lo disuelve"[20].

Efectivamente, en plena continuidad, siglos después, el Concilio Vaticano II afirmará en la Constitución Dogmática, *Gaudium et spes*, que "el hombre es la única criatura a la que Dios ha amado por sí mismo"[21].

Lógicamente, Francisco de Vitoria y todos sus discípulos afirmarán que el mercader no sólo puede salvar su alma, sino que, además, es un honrado ciudadano que saca adelante su familia y la sociedad.

Es interesante que Clavasio en su suma angélica después de afirmar la utilidad de los mercaderes para la vida civil, pues llevan lo que en una patria es abundante a otros lugares donde es necesario, enseguida añadirá que hay otros mercaderes que ya no son tan necesarios y los define como los que buscan el lucro inmoderado[22].

Inmediatamente, como señalará muchas veces Domingo de Soto[23], discípulo de Francisco de Vitoria, el indígena es dueño de sus tierras, pues el pecado no sustrae el dominio. Por tanto, el dominio pertenece al derecho natural y los reyes católicos no pueden usurpar las tierras a los indígenas.

---

[20] Bartolomé de Albornoz, *Arte de los contractos*, proemio, fol. 3r

[21] Concilio Vaticano II, *Gaudium et spes*, n. 24.

[22] No son útiles pues provocan tres males: "incertii pretii; injustii pretii et pretii periculii". Angelus Clavasio, *De contractibus*, Mediolani 1768, p. 4. Hay que reconocer que el final es exagerado: "debeant exterminari de patria et in exilium dari".

[23] Domingo de Soto, "Relectio de Dominio", en *Relecciones y opúsculos de Domingo de Soto*, San Esteban, Salamanca 2000, vol 1-II..

Seguidamente, la Escuela de Salamanca establecerá "el precio justo"[24] como aquel que han decidido el común sentir de los mercaderes cristianos. Lógicamente, en casos de catástrofe, guerras, etc., será el gobernante, una vez escuchado el sentir de los mercaderes cristianos.

En definitiva, Francisco de Vitoria y sus discípulos extenderán su moral económica por todos los reinos de la Corona de Castilla y hablarán constantemente de la honradez en todo momento de sus discursos.

De esa manera, marcaron un enfoque positivo y, por otra parte, perseguirán que aquellos mercaderes no abandonen el examen de conciencia hasta el final de sus vidas, pues siempre existirá la tentación del apego a los bienes de la tierra: "Es más fácil que un camello pase por el ojo de una aguja, a que un rico entre en el reino de los cielos" (Mt 19, 23).

Es importante dejar claro que la vigilancia en los moralistas de aquel tiempo fue constante para evitar que esos intereses bajos en los préstamos en precario no decayeran en usura encubierta o en usura mental[25].

---

[24] "[115r] Digo que vender una mercaduría al fiado por algo mayor precio que la misma pasa al contado se justifica, no por razón del tiempo que se da de espera al comprador, salvo por ser el justo precio de la mercaduría aquél en que se vende al fiado. Y digo que entonces es y se estima por justo precio, cuando aquella mercaduría por el todo o por la mayor parte de ella se vende y suele vender al fiado, porque los compradores no tienen dineros para pagarla de presente, sino que los han de sacar de la misma mercaduría". Francisco de Vitoria, *Contratos y usura*, ed. Idoya Zorroza, Pamplona 2006, pg. 268.

[25] "Usura mentalis est cum mutuum reale est et qui mutuat intentionem iubet accipendi lucrum sive postea accipiat, sive non, tamen intentionem non exprimit exterius". Francisco de Toledo, *Instructio*

También, como buen teólogo católico, preocupado por la tentación del apego del corazón a los bienes materiales, no dejará de recomendar la prudencia para el uso de las ganancias que "sea moderada, para que el mercader que la trata pueda honestamente vivir"[26].

---

sacerdotum ac poenitentiam in que absolutissima casum conscientiae suma continetur, Coloniae 1621, cap. 29, pg. 527.

[26] Ibid, Francisco de Vitoria, *Contratos y usura, p.* 268.

Política y economía:
de Santo Tomás a Lutero

*León Gómez Rivas**

Dentro de la gran versatilidad que facilita esta Colección IDEAS a sus colaboradores, voy a ofrecer a continuación algunos comentarios sobre el libro que motivó el Seminario Bibliográfico que nos ocupa. Vaya por delante, como siempre, mi agradecimiento a AEDOS en las personas de Fernando Fernández y Dalmacio Negro, coordinadores de esta actividad. También -por supuesto- al autor, quien escuchó con atención las muchas reflexiones que se plantearon esa mañana veraniega de 2023.

Verán en este volumen un acceso muy diverso a la obra, desde perspectivas antropológicas, históricas, filosóficas o jurídicas. A veces destacando los puntos más brillantes del libro; otras, llamando la atención sobre posibles lagunas. Evidentemente, en los pocos minutos de cada intervención no se podía abarcar todo el contenido... Tampoco este magno proyecto de explicar 'la evolución del pensamiento económico' consigue atar todos los cabos: pienso ahora en la monumental *Historia del*

* Catedrático de Ética y Pensamiento Económico. Universidad Europea de Madrid

Análisis Económico, de Josep Schumpeter, como un ejemplo sobre la imposibilidad de concentrar el devenir de la Economía en una publicación.

Dicho lo cual, he elegido centrarme en ese aspecto de señalar algunas ideas o planteamientos que han podido quedarse al margen en las explicaciones del autor. Lo escribo desde esa 'amistad' que -citando a Alejandro Llano- Miguel Alfonso resumía como la esencia universitaria: ningún otro motivo ha podido concitar a personas tan diferentes durante los ya casi treinta seminarios en los que AEDOS nos reúne para conversar sobre un libro.

Quería destacar también la importancia que tiene esa tarea de revisar los fundamentos de la Economía. Es una ciencia que lleva tiempo 'desenfocada' en su orientación, muy particularmente desde el asentamiento de la síntesis neoclásica como "paradigma dominante" (por supuesto, mucho peor fue cuando en las universidades del Este y del Oeste triunfaba el modelo marxista del materialismo dialéctico).

Aquí, mi coincidencia plena con la inspiración general del autor no es incompatible con alguna discrepancia en los matices. De manera que voy a detenerme solamente en aquellos aspectos de trasfondo histórico que me parecen más relevantes para sugerir un análisis crítico.

1. La Modernidad

Básicamente he querido detenerme en dos momentos históricos, sobre los que me gustaría añadir algunas ideas para completar el contenido del libro.

Uno primero es el referido a los siglos XVI y XVII, llamados 'de Oro' para la cultura española por muchas razones (la portada del libro es una espléndida muestra: el cuadro "La rendición de Breda" de Velázquez, sobre lo que por cierto se le preguntó a Martínez-Echevarría y nos ofreció una muy bonita explicación de su significado).

Mi argumento principal es que echo en falta unas cuantas páginas entre la escolástica medieval y la Reforma protestante. Se me antoja extraño ese salto desde Santo Tomás (pág. 156) y Guillermo de Ockham (pág. 172) refugiándose en 1328 en la corte de Luis de Baviera, a un siguiente Capítulo V con un primer apartado sobre "La Reforma entre 1517 y 1555". Porque entre medias ocurrió uno de los momentos estelares del pensamiento Occidental, con la aparición de la llamada Segunda Escolástica o Escuela de Salamanca (precisamente en 2026 celebraremos el Quinto Centenario de la llegada de Francisco de Vitoria a esta Universidad, implantando ese fecundo modelo de estudiar y enseñar Teología que fueron los comentarios a la *Summa* del Aquinate en vez de las *Sentencias* de Pedro Lombardo).

Tanto en el campo de la Economía como del Pensamiento Político, aquellos Doctores adelantaron algunas cuestiones fundamentales para comprender su desarrollo moderno. Esto es algo que ya me han escuchado en otros seminarios como el actual: particularmente recuerdo el celebrado en torno al libro de Germán Scalzo, discípulo del profesor Martínez-Echevarría: *Racionalidad económica: fundamentos, evolución y sentido* (Universidad Francisco de Vitoria, en 2018). Allí señalaba, por ejemplo, la necesidad de incorporar -en los manuales de Historia del Pensamiento Económico- alguna alusión a los doctores de la Escuela de Salamanca en el sentido de que ellos recogieron el acertado análisis aristotélico-tomista sobre la justicia en los intercambios o la determinación del valor y el precio de los bienes. Añadiendo algunas aportaciones absolutamente novedosas, como la teoría cuantitativa del dinero; una revisión de los fundamentos morales acerca de la usura y los préstamos (sobre este asunto pueden leer en este libro una magnífica reflexión de José

Carlos Martín de la Hoz); su crítica de la manipulación monetaria como un impuesto inflacionario; o una adelantada comprensión del empresario y del comerciante vistos como facilitadores del progreso económico y del bienestar material: el ahorro, la austeridad, la honestidad son la base de un capitalismo plenamente compatible con el *ethos* cristiano.

Entiendo que a veces podemos achacar todos los males de nuestra sociedad secularizada e individualista a tantos errores que trajo la Reforma, en su interpretación religiosa de la fe o en sus fundamentos antropológicos del ser humano. Pero no comparto un cierto olvido de toda la tradición política y económica mantenida por la Iglesia desde Trento: hay un modelo de sociedad, una forma de hacer economía, un ideal en la gestión pública que sí era (y sigue siendo) compatible con esa tradición católica que se mantuvo en tantos países europeos. Y que descansaba, en gran medida, sobre esos presupuestos tardoescolásticos a los que me he referido. ¿Tal vez no triunfaron con el éxito que hubiéramos deseado? Es posible: pero ése es otro problema. Pienso que las bases conceptuales eran y siguen siendo válidas.

A propósito del individualismo, por cierto, no quiero dejar de transmitirles mi acuerdo con algunas reflexiones de Rafael Gómez Pérez durante la celebración del Seminario: ¿por qué ese recelo hacia lo individual? La búsqueda del interés propio, tan demonizada en las famosas palabras de Adam Smith, no parecería resultar alejada del precepto evangélico: "amar al prójimo como a uno mismo".

2. La teoría de la utilidad marginal del valor

Doy un salto ahora al capítulo IX sobre "Positivismo, Economía, Sociedad". Me fijaba en las páginas 350 a 360 que recogen el periodo que ha dado en llamarse 'revolución marginalista', como una respuesta al 'valor trabajo' iniciado por Smith, consolidado por David Ricardo y llevado al extremo con el análisis marxista del *Capital*. Ciertamente, a los cien años de *La riqueza de las naciones*, tres autores desmontaban -de forma autónoma- esa equivocada teoría smithiana de los costes de producción. Recuperando una venerable tradición sobre la *utilitas*, *raritas* y *complacibilitas* como verdadera explicación del valor económico de los bienes.

Martínez-Echevarría menciona a dos de ellos: Léon Walras con su propuesta del equilibrio general y la psicología económica de William S. Jevons. Sin embargo, echo en falta el nombre de Carl Menger, fundador también de la llamada Escuela Austriaca de Economía. Pienso que supo describir mucho mejor que sus dos contemporáneos ese cambiante valor económico: no solo como un sentimiento marginal de placer, sino desde esa perspectiva que Vitoria y sus discípulos señalaron recogiendo el espíritu aristotélico-tomista. Que incluye la utilidad, la cantidad (oferta/demanda) y la apreciación subjetiva.

Entre los seguidores de Menger estarán Ludvig von Mises (a quien tampoco se cita, autor del importantísimo texto *La acción humana*) y Friedrich Hayek. De éste se refiere su *Camino de servidumbre* (1944), pero no el más completo *Derecho Legislación y Libertad* de 1973. Este libro me gusta particularmente porque habla de aquellas actividades "que son resultado de la acción humana, pero no del designio humano", entre las que destaca la economía. Efectivamente, frente a la visión planificadora o determinista del actuar humano, Hayek defiende la libertad del orden espontáneo. Y argumenta su definición con las explicaciones sobre la formación de los precios en el mercado, que varían según todas esas circunstancias que acabo de señalar: recordando para ello el nombre de otro escolástico hispano, el jesuita Luis de Molina.

Termino este comentario con una reflexión que me gusta proponer en nuestros foros de AEDOS (teniendo presente esa referencia a la Doctrina Social de la Iglesia): considero que desde algunos ámbitos de inspiración católica se le ponen demasiados reparos al pensamiento de la Escuela Austriaca de Economía. Siendo que, en mi opinión, el modelo social y económico propuesto por sus autores resulta mucho más cercano a una antropología cristiana que la llamada 'síntesis neoclásica' (*mainstream* doctrinal que se explica en casi el 100% de las escuelas de economía); y -sin duda-que los peligrosos devaneos con ideas marxistas y socialistas demasiado extendidas en algunos entornos eclesiales (aquí la referencia típica sería esa caduca 'teología de la liberación', que tanto ha confundido a muchas personas de buena voluntad). Ratificaré mi argumento con el siguiente párrafo de Gabriel Zanotti:

"Por supuesto, desde una antropología cristiana no se puede deducir que Hayek tenga razón, pero su punto de partida -el conocimiento humano limitado y la creatividad intelectual como su contracara- nos parece mucho más compatible con todo lo que hemos afirmado de la inteligencia humana desde una antropología cristiana, donde la inteligencia humana es limitada en sí y más limitada aún por el pecado; pero herida por el pecado original, tiene la capacidad de crear, de dar sentido, de interpretar (todo faliblemente)". En: *Antropología cristiana y economía de mercado* (Unión Editorial, Madrid, pg. 68).

3. Algunas consideraciones sobre la bibliografía

Termino estas páginas compartiendo con Uds. algunos títulos (simplemente citaré nombres de autores y tal vez alguna obra) que añadiría a la muy completa bibliografía que ha manejado el profesor Martínez-Echevarría.

Respecto al tema de la Escuela de Salamanca, disponemos de excelentes versiones en español de los principales maestros de aquella época (Francisco de Vitoria, Domingo de Soto, Martín de Azpilcueta, Francisco Suárez, Juan de Mariana, Luis de Molina, y un largo etcétera). Junto a monografías y estudios actuales en la línea de Juan Belda, Abelardo del Vigo, Alejandro Chafuen, Francisco Gómez Camacho, el propio Josep Schumpeter o la imprescindible Marjorie Grice-Hutchinson y su obra pionera *The School of Salamanca* (de 1952, pero traducida al castellano este mismo año 2023 por el Centro Diego de Covarrubias).

Añado a esta lista dos autores que sí aparecen mencionados en la obra de Martínez-Echevarría: Richard Tuck (*Natural Right Theories*, 1979) y George Sabine (*Historia de la teoría política*, 1945). Me interesaba señalarlos porque son un ejemplo de investigadores extranjeros que han reconocido la importancia de los Maestros escolásticos españoles. El segundo libro, un clásico ya en esta materia, habla del papel de los jesuitas -Roberto Belarmino, Suárez, Mariana- en la teoría del derecho de resistencia al gobernante injusto. Tuck nos ofrece un elenco mayor de nombres, añadiendo a Vitoria, Soto, Domingo Báñez, Pedro de Aragón, Leonardo Lessio o Fernando Vázquez de Menchaca.

239

III. A MODO DE CODA

MAESTRO, MENTOR Y AMIGO

JOSÉ MIGUEL PONCE NÚÑEZ[*]

Después de asistir al XXIX Seminario Permanente Bibliográfico de AEDOS sobre la última publicación de Miguel Alfonso Martínez-Echevarría, "La Economía entre la sociedad y el Estado" (2023), recibí una amable invitación de Fernando Fernández a participar con un comentario en las actas de ese seminario.

Al no haber sido ponente, me ha parecido conveniente hacer algunas consideraciones de mi relación personal con Miguel Alfonso, desde septiembre de 1983, cuando me incorporé a la Universidad de Navarra. Han transcurrido 40 años desde que tuvimos la primera entrevista para conocernos y explorar posibles temas para que me dirigiera la tesis doctoral. Desde entonces nuestras relaciones no se han interrumpido, a la vez que han ido evolucionando para profundizar y consolidar una amistad cada vez intensa. Después de revisar mis recuerdos, he seleccionado algunos de los muchos temas que hemos ido comentando durante estos años.

[*] Profesor honorífico de la Universidad de Alcalá

JOSÉ MIGUEL PONCE NÚÑEZ

Maestro del espíritu universitario

Después de algunos encuentros en los que nos fuimos conociendo, enseguida aceptó dirigir mi tesis doctoral. Como es sabido, en la Universidad hay profesores a los que se les llama maestro. Con frecuencia se trata de quien te ha dirigido la tesis y que, por su edad, experiencia, conocimientos y forma de ser se ha ganado nuestra confianza. Generalmente con el tiempo, maestro y discípulo acaban siendo buenos amigos y el maestro se convierte en una referencia no solo para los aspectos profesionales sino también en campos más personales.

Mi maestro es Miguel Alfonso. Desde el principio hemos tenido una gran sintonía. Seguramente algo tiene que ver con que los dos seamos andaluces. Me conoce muy bien, sus consejos siempre me han ayudado a mejorar como profesor y como persona. Siempre está de buen humor y aunque los dos ya estamos jubilados y vivimos en ciudades distintas, seguimos encontrándonos con cierta frecuencia.

Durante los años que trabajamos juntos aprendí de él qué es y cómo se vive el espíritu universitario. Con su ejemplo, publicaciones y sobre todo con muchas conversaciones, Miguel Alfonso me iba trasmitiendo las características de ese espíritu que han de orientar la formación, que debería ofrecer una Universidad y las relaciones entre profesores y alumnos.

Me enseñó que el espíritu universitario se funda principalmente en el amor desinteresado por la verdad. El universitario la busca con esfuerzo, sabe que cualquier clase de conocimiento, si es verdadero, recompensa del trabajo experimental, del estudio y reflexión que ha comportado. Es un amor desinteresado, no condicionado por sus posibles aplicaciones o por los beneficios económicos. Comporta por contraste la aversión al error, a las afirmaciones infundadas, a la intencionada ambigüedad, al sofisma.

Características de ese espíritu son la humildad intelectual, el respeto a la opinión ajena, la solidaridad, el hábito de estudio, y sobre todo por la capacidad crítica. Es decir, el hábito de análisis que lleva a discriminar entre lo que es verdad y el error que se adorna con apariencia de verdad; entre la afirmación bien fundamentada y la gratuita, no avalada suficientemente.

Miguel Alfonso siempre me trasmitió sus deseos de que un buen maestro trata de que sus discípulos le superen en los conocimientos de la materia que es objeto de la tesis. En mi caso, eso fue algo que se reflejó en las reuniones para la preparación de la tesis. Como en esos momentos, por mis circunstancias personales y profesionales, había estado apartado de la estadística durante años, me hizo un plan especial para ponerme al día. Nunca olvidaré su paciencia y generosidad, tanto en la dedicación de tiempo como en facilitarme todo el material de estudio necesario, que en ese caso fue poner a mi disposición toda la documentación y apuntes de sus clases y de su oposición a la cátedra de estadística.

Convivir en desacuerdo

Hay conversaciones que no se olvidan. Recuerdo vivamente la ocasión en que, paseando juntos, me decía que el universitario tiene que ser *amigo de la verdad*, porque la busca de manera sistemática, sea cual sea la disciplina en la que trabaje. Ahora bien, la verdad nunca se posee completamente, porque solamente conocemos aspectos parciales. Por eso, hay que respetar a quienes tienen una opinan diferente a la nuestra. Es imposible saber todo de todo y de todos.

En muchas ocasiones me ha insistido en aprender a convivir con el desacuerdo: en la familia, con los amigos, con los compañeros de trabajo siempre existirán diferentes opiniones sobre la misma realidad. Lo que es cóncavo para uno, es convexo para el que contempla esa realidad desde otra perspectiva. Cuanto más dogmáticamente afirmamos un concepto más controversia creamos. Es lógico que haya diferencias de opinión o de actitud respecto de una cosa, que haya disconformidad incluso total desacuerdo. Se puede y se debe hablar de todo y con todos. Pero hay que hacerlo de manera que esos posibles conflictos no deterioren la paz y la comunicación.

Lo mejor para lograr un buen clima de intercambio de opiniones diversas, incluso contrapuestas, es tener una actitud de humildad: hay que partir de la base de que podemos estar equivocados, nos puede faltar información o tener una visión parcial o deformada de una realidad. Para ser humildes tenemos que ser sinceros con los demás, pero sobre todo con nosotros mismos. Ser conscientes de nuestras limitaciones, aceptar que podemos no llevar la razón. Por eso antes de emitir un juicio conviene que reflexionemos sobre si tenemos la información necesaria al efecto. Me viene a la memoria la respuesta de un conocido profesor en el coloquio tras impartir una conferencia. Alguien le hizo una pregunta a lo que respondió: perdone, pero no le puedo contestar, todavía no he pensado sobre ello.

La importancia de los fundamentos antropológicos

En sus investigaciones, publicaciones, dirección de tesis doctorales, etc., el profesor Martínez-Echevarría siempre ha insistido en la importancia de los fundamentos antropológicos. En el libro objeto de estas actas lo indica con claridad ya en el primer capítulo, que trata sobre el trabajo y su sentido como fundamento de la Economía.

Ya en los comienzos de la Facultad de Económicas de la Universidad de Navarra, Miguel Alfonso tenía muy claro que la orientación de los planes de estudios y de todas las actividades formativas, tenían que ser humanistas y centradas en la persona. Es significativo, que en una entrevista sobre la nueva Facultad que le hicieron en una revista económica, el titular que eligió el periodista fue *"Una economía con rostro humano"*.

Recuerdo un momento importante de mi trayectoria como profesor universitario: el cambio del área de conocimiento. Mi tesis doctoral, en continuidad de mi licenciatura en Matemáticas, hacía referencia a temas estadísticos, pues había hecho esa especialidad en la Universidad de Granada. Después de la tesis se me presentó la posibilidad de obtener una titularidad de Estadística en la Universidad de Alcalá de Henares. Me trasladé a Madrid y después de unos años logré esa titularidad

Al regresar a la Universidad de Navarra, ya había demasiados profesores de Estadística, por lo que pareció conveniente que me reinventara. Considero que reinventarse implica un cambio de actitud y de actividad profesional, cuando se modifican las circunstancias personales o del entorno. Miguel Alfonso me sugirió orientarme hacia el Marketing. Me dejó muy claro que desde el principio debería tener muy claro y estudiar en profundidad los fundamentos antropológicos y éticos del Marketing.

Marketing de valores

Mi reconversión como profesor, comenzó con un plan de formación que desde el IESE me diseñaron para obtener la necesaria preparación en Marketing. Hice el Programa de Dirección General y numerosos seminarios, además de un plan de estudio de la bibliografía necesaria. Las primeras tesis que dirigí sobre Marketing trataron de temas relacionados con el Marketing de Servicios y en particular sobre los servicios financieros.

Con la ayuda y consejos de Miguel Alfonso me centré en la importancia de las personas en las actividades de Marketing, su influjo en la vida diaria y en las relaciones humanas.

Esto me llevó a considerar el Marketing como un servicio, que se puede entender como un conjunto de actividades dirigidas a satisfacer necesidades de las personas y de la sociedad. Para que esas actividades sean coherentes con los principios éticos, deben favorecer, o al menos no impedir, el desarrollo integral de la persona.

He dedicado especial atención al impacto del Marketing en la sociedad, así como a los criterios éticos de su aplicación, estudios sobre comportamiento del consumidor, adicciones a la compra, consumismo, etc.

Como los servicios son intangibles, mi preocupación por los aspectos antropológicos y éticos me llevó a estudiar el Marketing de valores, ideas y estilos de vida. Esto respondía a que si se comercializaban servicios (intangibles), también se "comercializaban" valores, ideas, modos de pensar y de vivir.

Durante las últimas décadas de mi vida universitaria, me he centrado en estos temas. Por ejemplo, el análisis del impacto de las campañas publicitarias en el modo de pensar y de vivir de la gente, su recurso al emotivismo distintivo de nuestra sociedad, mediante estrategias de publicidad y Marketing enfocadas hacia los sentimientos, etc.

Un aspecto importante de esta dimensión son las estrategias de comunicación de los intangibles. Aquí habría que tener encuentra el Marketing digital, los soportes digitales y en especial la utilización de las redes sociales.

Mi experiencia como mentor

Desde que me jubilé, dedico la mayor parte de mi tiempo a ser mentor y asesor profesional, actividad que me permite compartir mis conocimientos y experiencias con otras personas, además de proseguir mi formación académica y personal. En realidad, es algo que he hecho durante toda la vida, ya que siempre me he preocupado de mejorar la formación profesional y el crecimiento personal de los alumnos.

El *mentoring*, o mentoría en español, se define como una relación en la que una persona con experiencia (el mentor) ayuda a otra (el mentorado o *mentoree*) en la adquisición de habilidades y conocimientos específicos que mejorarán el rendimiento de su trabajo. Entre las características más importantes de esta actividad, destacaría la escucha activa, la confianza y la confidencialidad. En mi caso, trato de favorecer los valores que ayudan al desarrollo integral de la persona.

En esta actividad como mentor trato de dar continuidad a mi relación con Miguel Alfonso, al que como se puede deducir, además de Maestro considero mi mentor.

Durante el proceso en el que se lleva a cabo la mentoría son clave las entrevistas, en las que se tratan los temas que mejor se ajustan a las necesidades de los interesados. Se comienza por concretar los objetivos a corto y medio plazo. Es importante conseguir una relación de confianza y una comunicación fluida, sin las cuales la ayuda no sería posible. Esto supone el buen conocimiento entre el mentor y el mentorado y el máximo respeto entre ellos.

Miguel Alfonso me ha enseñado a amar la libertad. Por eso insisto siempre en la libertad de quienes solicitan mi asesoramiento, para que sean ellos quienes tomen la iniciativa de concretar cada entrevista y asuman con responsabilidad los consejos que reciben, de manera que decidan con libertad lo que hacer en cada caso.

Mi primera preocupación al aceptar una mentoría es conocer cuáles son los valores, los objetivos vitales y las motivaciones del mentorado. Después ayudo a que concrete un proyecto profesional que sea coherente con su proyecto vital. A continuación, establecemos un plan de acción para llevarlo a cabo. Durante el desarrollo de este proceso ofrezco artículos y vídeos, como ayuda para cumplir los objetivos.

Poco a poco, voy desarrollando una metodología propia para mejorar los resultados. Los objetivos más frecuentes son: la orientación laboral, encontrar empleo, cambios de empleo o superar circunstancias que limitan el desarrollo profesional y personal. Podemos resumir esta actividad como de acompañamiento a una persona en el cumplimiento de sus objetivos personales y profesionales.

Un amigo verdadero

Como he sugerido en varias ocasiones Miguel Alfonso se convirtió muy pronto en amigo, un amigo verdadero, como he podido comprobar. La amistad crea fuertes vínculos de confianza y lealtad. Para el pensamiento clásico, la amistad es la relación humana natural por excelencia, pues en ella se dan las condiciones para un trato libre y recíproco. Por esta razón, se la considera una condición *sine qua non* para la vida feliz. Según Aristóteles, la amistad es lo más necesario para la vida; de modo que, "el hombre feliz necesita amigos".

En nuestras conversaciones sobre la amistad, hemos comentado cómo el amigo verdadero no abandona en las dificultades, no traiciona; nunca habla mal de su amigo ni permite que, ausente, sea criticado, porque sale en su defensa. Amistad es sinceridad, confianza, compartir penas y alegrías, animar, consolar, ayudar. La amistad verdadera es desinteresada, pues consiste más en dar que en recibir; no busca el provecho propio, sino el del amigo; exige renuncias, rectitud, intercambio de favores, de servicios nobles y lícitos.

He podido experimentar cómo durante estos 40 años, la buena comunicación, el tiempo y los afanes compartidos, las mutuas confidencias, el aprecio creciente, la admiración y respeto por ambas partes crean poco a poco lazos fuertes entre los amigos que no rompen ni la distancia ni el silencio ni el tiempo. Siempre está presente la disposición de acudir para acompañar, ayudar, consolar al otro. Y todo por pura generosidad que no se detiene ante la dificultad. *Los amigos de verdad son esas personas que te levantan cuando otros ni si quieran se han enterado de que te has caído.*

A modo de conclusión, puedo decir que mi trato con Miguel Alfonso ha ido desarrollándose y mejorando sin interrupción, aun cuando -como ha sucedido por años- nos separaba no pequeña distancia. Comenzó siendo mi Maestro en los primeros años de mi vida universitaria, después sin dejar de serlo se convirtió en mi mentor. Siempre ha sabido cultivar la amistad, esto ha hecho posible que se haya convertido en mi mejor amigo, un amigo verdadero.

RESPUESTAS A LOS COMENTARIOS

Miguel Alfonso Martínez-Echevarría Ortega

Me parece de elemental cortesía, antes de proceder a dar algún tipo de respuestas y comentarios a las interesantes aportaciones de los distintos participantes en este seminario bibliográfico de AEDOS, sobre mi libro titulado la "Economía entre la Sociedad y el Estado", comenzar por agradecer la cantidad y calidad de las mismas, tanto orales como escritas.

En todas ellas se ha puesto de manifiesto no sólo la competencia profesional de sus autores, sino sobre todo la amabilidad con que me han señalado posibles mejoras y la elegancia humana con la que han sabido disculpar y pasar por alto las evidentes carencias de mi trabajo. Sobre todo, y es lo que me parece más importante, los ponentes se han mostrado como muy buenos amigos, y me lo han manifestado no sólo con sus valiosas colaboraciones, sino con frases muy concretas y cordiales hacia mi trabajo y mi persona. En este sentido tengo que citar con especial agradecimiento la aportación de José Miguel Ponce Núñez que, como me decía Fernando Fernández cuando me remitía su texto, se trataba de unas líneas que rebosan cariño por todos los lados. Una vez más he podido comprobar que AEDOS es sobre todo un monumento a la amistad.

A la hora de responder a tan interesantes comentarios -al no ser posible contestar con detalle a todos y cada uno de los ponentes- he agrupado mis respuestas en varios epígrafes que, desde mi punto de vista, pueden resumir lo que, de un modo u otro, han sido objeto de temáticas coincidentes. Esos epígrafes son:

I   Antropología y teoría económica.

II   Racionalidad y teoría económica.

III Cristianismo y teoría económica.

Para ayudar a entender a quién me estoy refiriendo en mis respuestas, he incluido, junto a sus observaciones, las iniciales de cada uno de los ponentes, ordenados por orden alfabético de los nombres:

AGE	Agustín González Enciso
APL	Aquilino Polaino Lorente
FFM	Félix Fernando Muñoz
GSM	Germán Scalzo Molina
IFS	Ignacio Falgueras Sorauren
JAG	José Andrés-Gallego
JMMH	José Carlos Martín de la Hoz
JMPN	José Miguel Ponce Núñez
JPA	José Pérez Adán
LGR	León Gómez Rivas
MAML	MiguelÁngel Martínez López
MJCG	María Jimena Crespo Garrido
RGP	Rafael Gómez Pérez
RRU	Rafael Rubio de Urquía

I Antropología y teoría económica

En línea con sus conocidas y muy apreciadas tesis sobre el sentido de la teoría económica, Rafael Rubio de Urquía (RRU) hace referencia a los problemas metodológicos que conlleva el estudio de los dos temas centrales en la estructura de mi libro, la naturaleza de las teorías económicas, y el lugar de la economía en relación con la sociedad y el Estado.

Señala RRU que el tema de fondo es cómo enfocar el estudio de la acción humana en el marco de la realidad histórica, para lo cual habría que comenzar por el estudio de la naturaleza del ser humano, en la que se hace patente su intrínseca dimensión relacional. Dicho de otra manera, ese estudio hace ineludible comenzar por establecer una antropología previa. A continuación, una vez establecida esa antropología, habría que proceder a la elaboración de lo que llama una meta-antropología, que vendría a ser algo así como unas claves que hicieran posible estudiar de modo sistémico la dimensión social del ser humano. Finalmente, harían falta además unas cosmovisiones, que serían algo mucho más complejas que la antropología y la meta-antropología: unas concepciones de lo existente, y el lugar que lo humano ocupa en su seno.

Es en este articulado marco metodológico, que de algún modo yo he tratado de seguir en mi libro, donde sitúa RRU el posible estudio de la relación de la Economía con la sociedad y el Estado. Un estudio que considera que siempre será muy complejo, ya que no hay tal cosa como sociedad, por una parte, y Estado, por otra, sino que se trata de una relación dinámica y cambiante, pues están orgánicamente ligados entre sí a lo largo de la secuencia temporal. Aunque RRU no deja de reconocer el carácter fuertemente esquemático de su planteamiento metodológico, lo considera enteramente válido a los efectos de su realización. Planteamiento que comparto y que de algún modo he tratado de seguir.

Plantea por último RRU un tema que considera de la mayor importancia: lo que llama la dimensión "monetizable" de esa manera de enfocar su planteamiento, lo cual lo hace todavía más complejo. En cualquier caso, insiste en que no hay en la acción humana tales cosas como una zona autónoma de "lo que no tiene precio". De tal manera que no hay un algo autónomo, ni en la acción humana, ni en la generación de la realidad histórica, que se pueda llamar economía, separable de la sociedad, y del Estado, sino que están estrechamente entrelazadas, creando una complejísima dinámica general. A modo de conclusión viene a sostener que toda teoría económica no es más que una pretensión de conocimiento acerca de la acción humana y de generación de la realidad histórica. No es por tanto sencilla la tarea de lograr un progreso en la teoría económica. Algo que yo no he dejado de experimentar a lo largo de la redacción de mi libro.

Con un enfoque que mantiene un cierto paralelismo con el de RRU, pero en el marco de la sociología, sostiene José Pérez Adán (JPA), que bajo ningún concepto la economía puede ser considerada el todo social, ni mucho menos si por economía sólo se entiende lo que ocurre en el interior del mercado, pues es evidente que no todo intercambio es de mercado.

Dentro de este marco, pienso que JPA ha captado muy bien el planteamiento de mi libro, al juzgarlo como una aportación más a la hora de tratar de comprender la misión de la economía en el devenir humano. Haciendo referencia a unas palabras de Etzioni, solo se logrará un equilibrio social justo, si se estudia con renovado interés la relación entre Estado, mercado y comunidad.

También en el marco de la antropología, Rafael Gómez Pérez (RGP), hace una observación que me parece muy interesante. Habla sobre la conveniencia de matizar el uso del término individualismo, cuando como sucede en mi libro, se le señala como una de las deficiencias más graves de la antropología que subyace en la teoría económica. Una observación que me parece muy atinada y que comparto, pues efectivamente caben distintas formas de captar el significado del individualismo, y, por supuesto, no siempre se han de entender en sentido negativo.

Tengo que reconocer que, en efecto, en mi exposición no he sabido destacar ese aspecto positivo de la individualidad humana que señala RGP. Comparto la idea de que la individualidad es una de las dimensiones, junto a la relacionalidad o coexistencialidad, propia e inseparable de la persona humana. Todavía más, tendría que añadir que la singularidad irrepetible de cada persona, que en mi opinión es el auténtico sentido de la individualidad humana, sólo se potencia en la relacionalidad de la apertura al otro, y no en el aislamiento del propio interés, como propugna la teoría económica.

Consciente de esa ambivalencia del término individualismo, con frecuencia, en otros escritos míos, he tendido a usar en su lugar el término capitalismo, que deriva de *caput*, que en latín significa el hombre como individuo natural, como ser humano, sea libre o esclavo. El problema es que el término capitalismo ha recibido muchas y distintas interpretaciones, y muy alejadas de su significado antropológico.

En cualquier caso, me parece muy sugerente la comparación o contrate que sugiere RGP entre un "individualismo gregario", al que también llama "individualismo hedonista o utilitario", y un "individualismo relacional" que sería el propio de la persona. De todas maneras, estoy de acuerdo en que hay un problema con el uso del término "individualismo", pues conlleva el peligro de suponer una cierta oposición a algo tan importante como la libertad individual, que en absoluto se opone a la caridad.

Por su parte, Agustín González Enciso (AGE) sugiere que la falta de una adecuada visión antropológica en el análisis económico es debida a una carencia de perspectiva histórica. Observación que comparto ya que, como he podido comprobar al escribir mi libro, sin esa perspectiva se hace muy difícil entender un proceso tan largo y complejo como el que ha dado lugar al nacimiento y evolución de la idea ilustrada del hombre como individuo. Algo relacionado con esa perspectiva, aunque de forma muy resumida, he pretendido llevar a cabo en mi volumen, ya que la considero de gran ayuda a la hora de superar los estrechos límites desde los que se plantea la acción humana en el seno de la teoría económica.

En la misma línea que las observaciones de RGP, sobre el uso del término individualismo, tampoco habla AGE del individualismo a secas, sino de un "individualismo radical", que lo relaciona con la pérdida de la dignidad personal, algo que, sostiene, sólo se puede recuperar con una visión más ampliada de la razón a la hora de estudiar la acción humana.

Para German Scalzo Molina (GSM) el enfoque antropológico de la teoría económica se puede llegar a plantear, de modo más acertado, si la acción humana se estudia desde el ámbito del sentido del trabajo, que considera ha sido un tema central en mis labores de investigación, y que juzga como una de las claves que pueden ayudar a interpretar el objetivo de mi libro. El sentido del trabajo contribuye a descubrir que el hombre tiene un fin que no se da a sí mismo, y que no le es patente, sino que ha de buscar a través de su propio trabajo. Sólo así la pregunta por el sentido de la propia existencia puede ser esencial para una manera más correcta de enfocar la racionalidad de la actividad económica. Por eso, sostiene GSM, el estudio de la acción humana no debe partir del individuo aislado, como una racionalidad abstracta y matematizante, sino de la persona, de su dimensión relacional...

Aclarar el sentido de las nociones antropológicas básicas para entender la teoría económica, es una tarea que tanto Ignacio Falgueras Sorauren (IFS), como su padre, Ignacio Falgueras Salinas, han desarrollado en los últimos años, en una serie de publicaciones que he seguido con interés. Están inspiradas en la original visión antropológica de Leonardo Polo, a la que yo también me he referido con frecuencia en mis publicaciones, y que me ha ayudado mucho a llevar adelante las ideas que expongo en mi libro.

Me parece de especial relevancia lo que señala IFS sobre la necesidad de ahondar no solo en el concepto del trabajo sino también, y de modo especial, en el de la pobreza, cuyas investigaciones más recientes han servido para tomar conciencia de que la pobreza no es un mero asunto cuantitativo y mucho menos materialista. Un tema que en mi opinión puede ser muy importante para plantear mejor la finalidad de la empresa, o, dicho de otra manera, una nueva vía para revitalizar la vida pública, tan debilitada por la rígida dicotomía Estado-sociedad civil. Algo que, como ya he dicho, tiene mucho que ver con sus recientes escritos sobre la tensión riqueza escasez, que permanece sin resolver en el seno de la actual teoría económica.

Dentro de la antropología me ha parecido muy interesante el enfoque que hace José Andrés-Gallego (JAG) sobre la evolución de la secularidad, un concepto que desde mi punto de vista es también clave para el sentido no sólo de la economía, sino de la libertad del hombre en el proceso de producción de la historia y de las diversas culturas. Perspectiva que tiene mucho que ver con el largo, y todavía inconcluso, debate sobre la relación entre secularización y pensamiento moderno, tanto en el ámbito político como el económico. Estoy de acuerdo cuando apunta que sólo en el siglo XX se ha empezado a entender el significado genuino de la secularidad. En este sentido creo que ha sido muy importante el papel de la doctrina social de la Iglesia, como yo mismo he podido comprobar durante todos estos años de relación con las publicaciones y seminarios de AEDOS.

Por último, tengo que reconocer que me hubiera venido muy bien, antes de redactar mi libro, el acceso a un texto tan claro como el de Aquilino Polaino Lorente (APL) donde se lleva a cabo una excelente exposición de la posible relación entre la economía y la psicología. Como él mismo sugiere, los problemas que plantea esa relación son el mejor camino para encontrar un enfoque antropológico adecuado a la dimensión económica de la acción humana.

II Racionalidad y teoría económica

Acerca del tema de cuál sea el origen y sentido de la racionalidad en la construcción de la teoría económica, me parece muy interesante la referencia que hace AGE a partir de una muy sugerente cita de A. Piettre. Según ese conocido autor, las sociedades nacen con lo sagrado y mueren en el estatismo. En la breve exposición que AGE realiza a continuación, utiliza esa cita para poner de relieve cómo el sentido de la racionalidad de la moderna teoría económica está en estrecha relación no sólo con la estructura de la economía capitalista, sino también con la estructura del Estado moderno. En su opinión, la génesis de ese modo de entender la racionalidad tiene que ver con el modo ilustrado de enfocar la libertad del individuo: una huida de todas las normas religiosas y prepolíticas. Ha sido precisamente el prescindir de las instituciones garantes de esas normas, lo que ha llevado a la necesidad de un sentido tan abstracto de la racionalidad a la hora de estudiar la acción humana. Dicho de otra manera, según AGE, si no lo he interpretado mal, la racionalidad económica ha devenido en la excusa para justificar el subjetivismo religioso que entró de la mano del protestantismo.

Estoy de acuerdo con AGE en que la economía no es una ciencia rigurosa; es evidente que falla y está sujeta al desajuste. Así mismo comparto su opinión de que en esa peculiar manera de entender la racionalidad de la acción humana ha tenido mucho que ver el muy extendido prejuicio de que la esencia de la economía se limita a procurar crear riqueza, a cualquier precio, dando por supuesto que ese objetivo hace innecesaria la búsqueda del bien común. Esa sería la inevitable y empobrecedora consecuencia del abandono de la visión trascendente del vivir humano, del intento de "vivir como si Dios no existiera".

También Félix Fernando Muñoz (FFM) presta especial atención a la racionalidad de la teoría económica, que efectivamente es una de las líneas troncales de mi libro. Un sentido de la racionalidad que no sólo se plantea como una mera cuestión metodológica, sino que tiene que ver con los principios antropológicos en que se fundamenta el pensamiento moderno.

Me parece muy esclarecedor el resumen que hace FFM en su exposición de la evolución del concepto de racionalidad en la teoría económica. Llega así a la acertada conclusión de que según sea el modo de entender la razón, la acción humana deja de ser una praxis, para transformase en una lógica, en una simple operación de conexión en términos de lógica formal de medios y fines que se suponen dados. Lo cual podría explicar por qué un autor como Mises trató de buscar una forma mixta, a la que llamó praxcología. En cualquier caso, creo que FFM comparte mi opinión de la necesidad de volver a la razón práctica o dialógica como el modo más adecuado de enfocar la dimensión económica de la acción humana.

Considero muy acertadas y valiosas las consideraciones de la profesora María Jimena Crespo Garrido (MJCG) sobre la necesidad a la hora de enseñar la teoría económica, y de modo especial en el ámbito universitario, de hacerlo en un marco en el que predomine un enfoque interdisciplinar. Una postura que viene a coincidir con las conclusiones de RRU y AGE.

Comparto su idea de que sería muy conveniente que en las Facultades de Economía se prestara mayor atención a la relación que existe entre la antropología, la filosofía, y la génesis del pensamiento económico. En el breve recorrido que MJCG realiza sobre los momentos cruciales del desarrollo del pensamiento económico, destaca aquellos temas en los que se hace especialmente necesario estudiar con más detalle la relación entre la libertad humana y la dinámica del mercado, algo que no es posible sin el apoyo en paralelo de los fundamentos de moral y de la filosofía política.

Me produce, por último, una gran alegría que mi libro haya servido a profesores universitarios de economía en activo, como MJCG, para ahondar en su análisis del complejo problema de qué es la economía en una situación tan interesante como en la que actualmente nos encontramos.

También en lo que se refiere a la racionalidad de la teoría económica, GSM señala que el tema del sentido del trabajo es esencial para comenzar a aclarar el mismo en el ámbito de la teoría económica. Idea que me parece muy sugerente, ya que tal concepto se encuentra muy deformado por haber sido racionalizado desde una perspectiva puramente teórica.

Sostiene GSM que el ensimismamiento en la abstracción de la racionalidad moderna ha impedido descubrir el sentido verdadero de la racionalidad humana: poder dar el paso desde la verdad pensada a la verdad vivida. Puesto que trabajar es potenciar las facultades humanas, organizar la vida en común y entender la acción como apertura y comunicación, es de gran importancia descubrir el verdadero sentido del trabajo en el seno de la empresa, que la teoría económica ha reducido a un artificio utilitario. Se hace cada vez más necesario trascender el principio del resultado, recuperar la practicidad de la acción real, abrirse al sentido pleno de la libertad. Si el hombre produce es porque es capaz de enfrentarse con la verdad sin desconcertarse. Trabajar es reconocer un modo de dependencia de Dios y de los otros seres humanos.

Como una consecuencia más de su brillante y documentada exposición sobre la relación entre la economía y la psicología, crítica APL el reduccionismo y "autoflagelación" que la razón parece haberse impuesto a sí misma, al limitar el conocimiento científico a solo lo que se pueda verificar o falsear mediante la experimentación. Como muy bien apunta, una visión tan reducida de la racionalidad puede tener su origen en fragmentar y separar cabeza y corazón, decisiones emocionales y decisiones intencionales, inteligencia instrumental e inteligencia emocional.

III Cristianismo y teoría económica

Me parece que, por último, puede ser muy interesante responder con una cierta extensión a una de las preguntas que se plantea Miguel Ángel Martínez López (MAML) en su comentario sobre mi libro. ¿Por qué no hay una teoría económica basado en la cultura católica?

Para dar una respuesta, pienso que puede ser conveniente comenzar por advertir, pues veo que no lo he dejado muy claro, que en mi libro no he pretendido sostener que la economía capitalista sea resultado directo de la reforma protestante; más bien, lo que he tratado de decir es lo contrario: que la teoría económica moderna, y de modo especial la antropología en que se fundamenta, surge como reacción al fracaso del protestantismo al proponer una visión fideísta a la hora de organizar la vida en común; dicho de otro modo, sostener que sólo a partir de las verdades reveladas se podía construir un orden social. De hecho, eso se vino a postular mediante el famoso lema *cuius regio, eius religio*. Un fracaso que sería debido principalmente a la deshumanización del cristianismo y la insistencia del protestantismo en la *sola fide*, consecuencia de una visión muy pesimista de la autonomía de la razón humana. Planteamiento que, por contraste, no ocurre en la genuina fe cristiana, como se pone de manifiesto en la doctrina social de la Iglesia.

Aunque -si he entendido bien lo que MAML ha querido decir, al formular su pregunta de por qué no existe un "pensamiento económico basado en la cultura católica",-- mi respuesta a esa pregunta, se articularía de la siguiente manera: entiendo que lo esencial de la revelación cristiana es un mensaje de salvación que se dirige a todos los hombres, pero de un modo personal, apelando a la libertad y responsabilidad de cada uno de ellos.

En ese sentido el mensaje cristiano asume en su totalidad la obra divina de la creación, mantiene y refuerza el encargo recibido por nuestros primeros padres, de "trabajar la tierra", como un modo de asumir y potenciar todos los dones recibidos. Según el dicho clásico en teología, la gracia no destruye la naturaleza, sino que la perfecciona. Expresado de otro modo, la revelación no afecta para nada a la autonomía original de la razón humana, a la libertad otorgada al hombre para organizar la vida en común, para llevar adelante el encargo recibido, sino que más bien lo refuerza, al proporcionar luces y gracias, a cada uno, para llevarlo a cabo. Ni el Evangelio, ni por supuesto la doctrina social de la Iglesia, proponen lo que podríamos llamar un modelo cristiano de sociedad, o de vida en común, inspirado sólo en la fe, cosa por lo demás imposible. Como dice el mismo Señor en el Evangelio, contestando al que le proponía hacer de juez en la ejecución de una herencia: ¿Quién me ha nombrado a mi partidor entre los hombres?

La economía moderna o capitalismo ha surgido precisamente como el intento de imponer un modelo único de sociedad, apoyado en una ideología pesimista, con un único modelo de vida sobre la tierra. Un modelo con el que se ha pretendido respetar lo que se llama "libertad de conciencia", que no es lo mismo que libertad de las conciencias, y que en el fondo es una inevitable consecuencia del desprecio hacia la capacidad de la razón humana para organizar en libertad esa vida del hombre.

Una ideología que, igual que la capitalista, en gran parte surgió, y puede ser explicada, como una reacción al tipo de teocracia a la que de modo casi inevitable tendía el pesimismo antropológico del protestantismo luterano. Reacción que llevaría a pensar que sólo un tipo de racionalidad neutral o científica, aplicado a la acción humana -esa es la esencia la economía capitalista-, permitiría un diseño de la sociedad basado sólo en el logro de los bienes externos, que sería respetuosa con la diversidad de las creencias de las gentes y además proporcionaría el máximo bienestar posible. De ese modo, la fe quedaría en el plano de lo subjetivo, de lo privado, propio de cada individuo. En otras palabras, la fe, entendida al modo luterano, sería irrelevante a la hora de organizar una vida en común; la tarea de la nueva y aséptica teoría económica se limitaría a mejorar el bienestar. Como decía Gandhi, se trata de un sistema que no exige a nadie hacer el bien.

Por contraste, desde el genuino punto de vista cristiano, la fe ilumina la vida humana, y es a través de la libertad que Dios ha otorgado a cada hombre como la sociedad, la vida en común, puede ser organizada de muchas maneras, contando con la libertad e iniciativa de todos. Desde este punto de vista el cristianismo no tiene un pensamiento económico único, ni propone un modelo único de sociedad, sino que son posibles muchos modelos, todos ellos compatibles con la fe, sin que ninguno de ellos pueda atribuirse en exclusiva ser el más adecuado a la fe, ya que por estar basados en una verdadera libertad humana son necesariamente muy diversos y opinables.

En este sentido, con la respuesta a la pregunta que se planteaba MAML, creo que puedo también contestar a las observaciones que me hacen tanto León Gómez Rivas (LGR) como José Carlos Martín de la Hoz (JCMH). Ambos echan de menos que en mi libro no se haga ninguna cita del pensamiento económico de la llamada "Escuela de Salamanca". Debo añadir que, si no me he referido a esa importante y muy valorada escuela, no es porque no la valore, sino todo lo contrario: porque siempre he considerado, de acuerdo con lo que acabo de exponer antes, que las valiosas aportaciones de los autores de esa escuela no forman parte de lo que entiendo por teoría económica capitalista, sino que, como seguidores de Tomás de Aquino, son defensores de la dignidad y libertad humana, a la hora de configurar la vida en sociedad.

JCMH da, en su certera exposición, con el núcleo doctrinal de esa famosa escuela. Pone de manifiesto que esos autores se mueven en el plano de la moral económica, en ningún caso tratan de elaborar una teoría económica, y mucho menos un sistema teórico cerrado. Dicho de otra manera, los autores de la Escuela de Salamanca parten de que la economía tiene que ver con una praxis, no con un sistema abstracto y cerrado de medios y fines predeterminados.

Por su parte LGR, si no le he entendido mal, se aproxima más a la idea de que los autores de la Escuela de Salamanca tienen un modelo de economía, compatible con la fe católica. Eso sí, me atrevería a afirmar que para la mayoría de los autores salmanticenses en ningún caso ese modelo de economía puede entenderse como el único compatible con la fe cristiana.

También JAG echa de menos en mi libro alguna referencia a la doctrina de los juristas y teólogos del siglo de oro español. Después de leer sus comentarios, me parece que ciertamente este es un tema que merecería un tratamiento adecuado. Precisamente por seguir una línea muy distinta de la que, en mi opinión, ha seguido la llamada teoría económica convencional, requeriría un estudio específico. Un estudio que ciertamente tiene mucho que ver con lo que JAG llama su visión pesimista –en mi opinión más bien realista-- de la evolución de la secularidad cristiana. Cuestión ciertamente muy interesante, pero que desborda mi capacidad y conocimientos. En este sentido, me parecen muy sugerentes sus comentarios sobre la aportación de Francisco Suárez, y su posterior influencia en muchos de los "padres fundadores" de la moderna ideología. Otro aspecto apasionante que merecería una especial atención.

Despedida

Sólo me queda agradecer una vez más a Fernando Fernández la oportunidad que me he dado de celebrar este seminario bibliográfico que tanto me ha enriquecido humana e intelectualmente, al volverme a encontrar con tan buenos amigos.

Reitero mi agradecimiento a todos los asistentes y de modo especial a los que me han hecho comentarios, tanto de viva voz como por escrito. Quiero por último hacer una especial referencia, de gratitud y alegría, a la participación del profesor Dalmacio Negro Pavón, al que siempre he admirado y que me ha ayudado mucho con su excelente y amplia obra escrita.

Muchas gracias a todos y pido a Dios una larga vida para esa gran aventura que es Aedos.

Este libro se terminó de imprimir en 2024